やさしい日本語 初級 2

YASASHī NIHONGO
Simple and Easy Japanese Elementary level 2
Tiếng Nhật dễ hiểu - Trình độ sơ cấp
Cấp tiểu học 2

Ｊリサーチ出版 編

JLPT	CEFR
N4	A2
N5	A1

Ｊリサーチ出版

はじめに

少しでも日本語がわかるようになりたい、少しずつ話せるようになりたい――そんな学習者の思いにこたえる教材、それが本書のめざすものです。そこで、本書では、次のことを柱にしました。

○ 文法と会話力をスパイラルに積み上げていく。

○ 日常の会話場面を中心に、必要度の高い項目を重点的に取り上げる。

○ 素材にこだわり、自然な日本語表現、自然な会話のやりとりを扱う。

○ スモールステップの積み重ねとくり返し学習によって着実に実力を養う。

タイトルの「やさしい日本語」は、簡単になるように日本語を単純化したり加工したりすることを表したものではありません。世界で最も習得の難しい言語の一つとされる日本語を、少しでもわかりやすく学習できるようにしたい、という思いを込めたものです。また、高い学力がなくても、日本語に親しみ、気軽に日本語を使えるようにしたい――そういう趣旨からです。

自分のペースで学習を進め、日本語をおぼえ、実生活でどんどん使っていただければと思います。そのお手伝いができれば幸いです。

Ｊリサーチ出版編集部

Foreword

This book is meant to be an educational aid for learners who want to begin understanding what Japanese they can, gradually gaining the ability to speak. As such, this volume is based on the following.

- ○ Build a cycle of learning between grammar and conversation.
- ○ Focus on highly essential items, especially daily conversations.
- ○ Pay close attention to materials to make sure they teach natural Japanese expressions and natural back-and-forth conversations.
- ○ Reliably foster language skills by building upon small steps while going back and reviewing what was previously learned.

Though the title of this book is *Simple and Easy Japanese*, this does not mean that it uses simplified or artificially modified content. Japanese is said to be one of the hardest languages in the world to learn, and this title reflects our wish to do whatever we can to make it easier to study. We also want those at all levels of ability to grow more familiar with Japanese and be able to use it without reservations.

We hope you study at your own pace, learn Japanese, and use more and more of what you learn in your everyday life. If we are able to help you do that, we have accomplished our goal.

The J Research Editorial Department

Lời mở đầu

"Tôi muốn hiểu hơn dù chỉ là một chút tiếng Nhật" "Tôi muốn dần dần nói được tiếng Nhật", một giáo trình có thể đáp ứng được nguyện vọng ấy của người học là mục đích chúng tôi hướng tới khi biên soạn cuốn sách này. Do đó, cuốn sách này xoay quanh nội dung chính như sau:

- ○ Tích lũy dần một cách đồng bộ cả kiến thức ngữ pháp và hội thoại.
- ○ Tập trung ra các mục có mức độ cần thiết cao lấy trung tâm là các bối cảnh hội thoại thường nhật.
- ○ Chọn lựa kĩ tài liệu cung cấp, sử dụng các cách nói tiếng Nhật tự nhiên, các trao đổi hội thoại tự nhiên.
- ○ Bồi dưỡng thực lực một cách vững chắc bằng cách tích lũy tiến lên từng bước nhỏ, cách lặp lại nội dung bài học.

"Tiếng Nhật dễ hiểu" nêu trong chủ đề sách không có nghĩa là tiếng Nhật đã can thiệp cho đơn điệu dễ hiểu. Nó hàm chứa mong muốn làm thế nào đó để quý độc giả có thể học tiếng Nhật - một trong những ngôn ngữ được coi là khó học nhất trên thế giới - một cách dễ dàng hơn dù chỉ một chút của chúng tôi. Đồng thời chúng tôi cũng mong muốn ngay cả người học không có năng lực tiếp thu cao cũng có thể dễ dàng tiếp cận với tiếng Nhật và sử dụng được tiếng Nhật một cách thoải mái nhất, đó chính là nguyên nhân ra đời của tên gọi cuốn sách này.

Chúng tôi rất mong các bạn hãy học theo tốc độ phù hợp với mình, ghi nhớ tiếng Nhật và sử dụng thật nhiều trong cuộc sống thực tế. Nếu cuốn sách này góp sức được phần nào vào việc học ấy chúng tôi sẽ vô cùng vinh hạnh.

Ban biên tập NXB J Research

目次
もくじ
Contents　Mục lục

この 本の 使い方
ほん　つか　かた

How to Use This Book　Cách sử dụng cuốn sách này

ユニットのとびら　Unit Front Page　Trang đầu của mỗi bài

このユニットの学習内容に関係する会話場面を紹介しています。
がくしゅうないよう　かんけい　かいわばめん　しょうかい

Conversational scenes related to what will be taught in this unit are introduced here.

Giới thiệu bối cảnh hội thoại liên quan đến nội dung bài học đó.

キーワード　Keywords　Từ khóa

このユニットの学習内容のキーワードです。
がくしゅうないよう

Keywords related to what will be taught in this unit.

Là từ khóa nội dung học của bài đó.

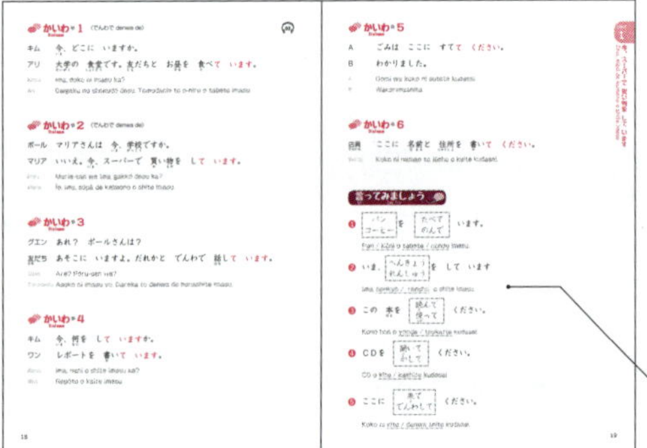

かいわ　Conversations　Hội thoại

このユニットの学習項目を使った会話例です。
がくしゅうこうもく　つか　かいわれい

音読練習をしましょう。
おんどくれんしゅう

Example conversations that use items taught in this unit. Study these through both listening and reading.

Ví dụ hội thoại sử dụng các mục đã học trong bài đó. Hãy luyện đọc thành tiếng.

言ってみましょう　Say Try　Speaking　Hãy cùng nói.
い

主要な学習項目を声に出して確認します。
しゅよう　がくしゅうこうもく　こえ　だ　かくにん

Say the major items taught in this unit aloud to confirm them.

Đọc thành tiếng các mục đã học chính trong bài và kiểm tra lại.

付属の音声を聞きながら、
ふぞく　おんせい　き

表現の練習をしましょう。
ひょうげん　れんしゅう

Listen to the included voices to learn expressions.

Vừa nghe phát âm trong đĩa đính kèm vừa luyện các cách nói.

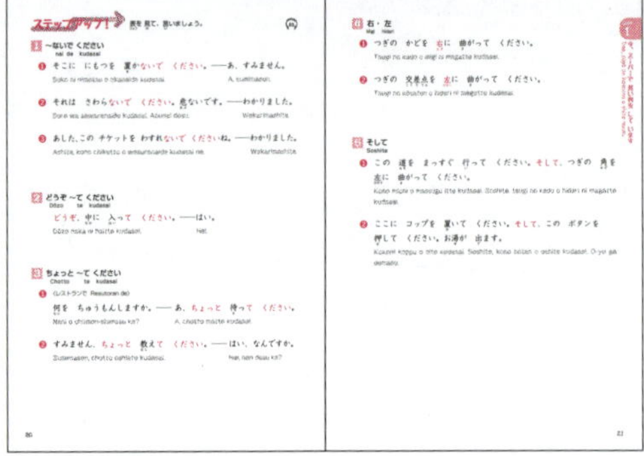

ステップアップ！　Step Up　Step Up　Mở rộng thêm

「かいわ」で取り上げた学習項目に関連する
と　あ　がくしゅうこうもく　かんれん

ものをさらに取り上げ、学習を発展させます。
と　あ　がくしゅう　はってん

Further expansion of items related to what is taught in the "Conversation" section of the unit, furthering your learning.

Giới thiệu sâu hơn nữa về các mục liên quan đến nội dung đã học ở "Hội thoại" để thúc đẩy việc học hơn nữa.

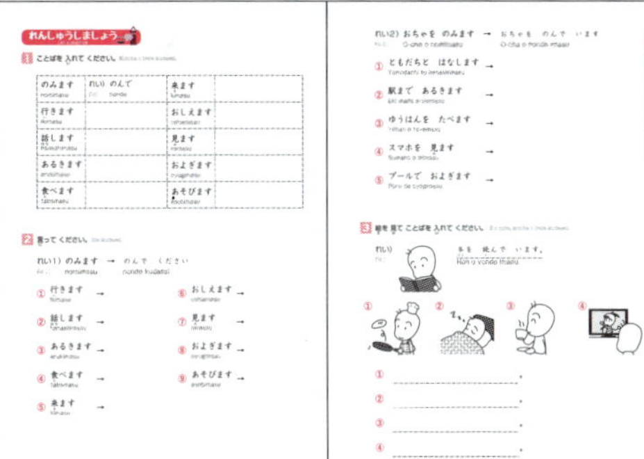

Practice
Hãy cùng luyện tập

会話を中心としたさまざまなドリルをします。
どのドリルも、声に出して文を言いましょう。

Various drills focusing on conversations. Try speaking all of the drills aloud.

Là các bài luyện thêm chủ yếu dưới dạng hội thoại. Hãy đọc thành tiếng từng câu của các bài luyện thêm.

Keep On Talking
Hãy nói thật nhiều

別冊に
会話文の訳と
練習の答え（例）
があります。

Translations of conversations and learning answers (examples) are available in a separate volume.

Có phần dịch đoạn hội thoại và đáp án luyện tập (ví dụ) được in trong sách đính kèm.

学習したことをふまえた少し
発展的な内容の会話例を紹介
します。

Example conversations that take what was learned and go a step further.

Giới thiệu các ví dụ hội thoại về các nội dung phát triển hơn một chút so với phần đã học.

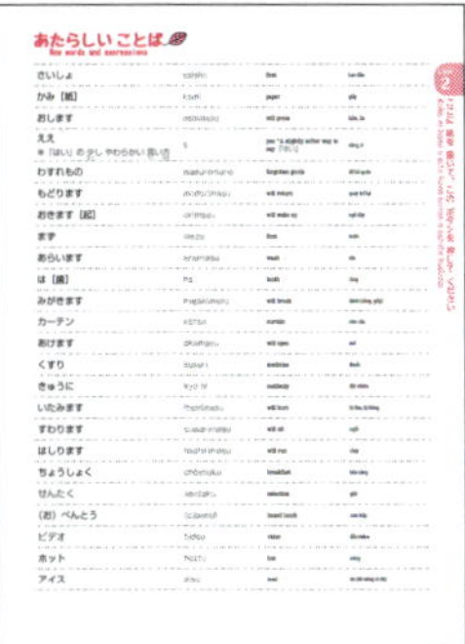

あたらしい ことば
New words and expressions

New Words
Từ mới

このユニットで扱った単語や表現のリスト
です。

A list of new words and expressions used in this unit.
Là danh sách các từ mới, cách nói được sử dụng trong bài.

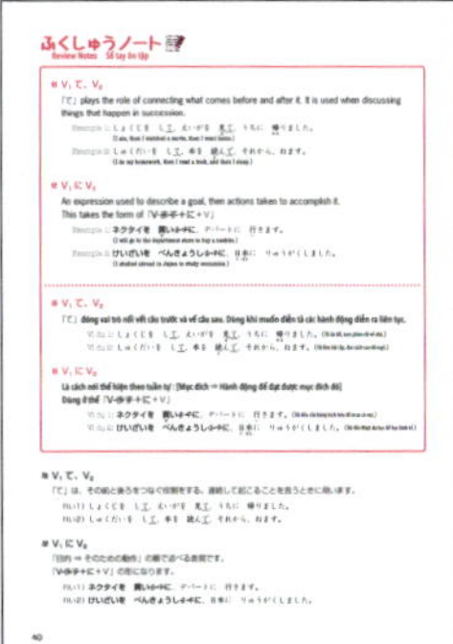

ふくしゅうノート
Review Notes　Sổ tay ôn tập

このユニットで学習した文型などをポイント解説します。

Specific explanations of sentence patterns and other items learned in this unit.
Giải thích các điểm chính như các mẫu câu đã học trong bài.

 How to Download Voice Data

STEP 1

Access the voice download website!	(Input the following URL:) **https://audiobook.jp/exchange/jresearch**

STEP 2

Continue to the "audiobook.jp" registration page from the one displayed to register as a member.	Click 「audiobook.jp に会員登録（無料）」 （かいいんとうろく　むりょう） (Register to be a Memberof the "audiobook.jp" (Free)) ※ To download voice data, you must register for the "audiobook.jp"(registration is free). Enter your email address, password (8 or more alphanumeric characters), name, birthday, and gender on the registration page ▶ Read the Terms of Service ▶ Click 「確認」(Confirm) （かくにん） ▶ Registration complete

STEP 3

Return to the download page from the 「ご登録が完了しました」 page. （とうろく）（かんりょう）	Click 「ダウンロードページ」 (Download Page), then enter "24437" in the field under 「シリアルコードをご入力ください」（にゅうりょく）(Please enter your serial code) on the page displayed and click 「送信」 (Send). （そうしん）

STEP 4

Download voice data.	Click 「無料でオーディオブックを受け取る」 （むりょう）（うと） ▶ Click 「本棚で確認する」 ▶ Click 「ダウンロード」 （ほんだな　かくにん） (Download 「全体版」) （ぜんたいばん） ※ If you are using a PC, please download voice data from 「本棚」. If you are using a smartphone, a guide（ほんだな） will appear for the app. Please use the voice files through the app.

❗ Notice

- Voice data can be played from your PC, your iPhone, or your Android smartphone.
- Voice data can be downloaded and played as many times as you wish.
- For questions about downloads, please contact: info@febe.jp (Emails will be received from 10 AM to 8 PM on weekdays).

⬇ 音声ダウンロードの手順

STEP 1

音声ダウンロード用のサイトにアクセス！	（下記 URL を直接入力） https://audiobook.jp/exchange/jresearch

STEP 2

表示されたページから、audiobook.jp への登録ページに進み、会員登録をする。

「audiobook.jp に会員登録（無料）」をクリック

※ 音声のダウンロードには、オーディオブック配信サービス「audiobook.jp」への会員登録（無料）が必要です。

登録ページでメールアドレス・パスワード（英数字の8ケタ以上）・名前・生年月日・性別を入力▶規約を読む▶「確認」をクリック▶登録完了

STEP 3

「ご登録が完了しました」のページからダウンロードのページに戻る。

「ダウンロードページ」をクリックして、表示されたページの「シリアルコードをご入力ください」の下の欄に「24437」を入力して「送信」をクリックする。

STEP 4

音声をダウンロードする。

「無料でオーディオブックを受け取る」をクリック▶「本棚で確認する」をクリック▶「ダウンロード」をクリック（「全体版」をダウンロード）

※ PC の場合は、「本棚」から音声をダウンロードしてください。スマートフォンの場合は、アプリの案内が出ますので、アプリからご利用ください。

！ ご注意

・PC からでも、iPhone や Android のスマートフォンからでも音声を再生いただけます。

・音声は何度でもダウンロード・再生いただくことができます。

・ダウンロードについてのお問い合わせ先：info@febe.jp （受付時間：平日の 10〜20 時）

日本語の 特徴

◆ 発音

発音はかなりシンプルです。母音は「あ、い、う、え、お」の5つしかなく、ひらがなやカタカナのそれぞれは、1つの音のみ表します。

◆ 文字

ひらがな・カタカナに漢字が加わるので、ちょっと大変です。しかし、漢字は大変便利な言葉です。学習を進める中で、少しずつおぼえていきましょう。

◆ 文法

① 「助詞」は、さまざまな語に付いて、文を作ります。日本語に欠かせない、とても重要な部品です。英語の前置詞と違い、語の後に付きます。助詞の理解が日本語上達のカギになるので、この本では特に重視しています。

② 英語では I、YOU、IT など、必ず主語を立てますが、日本語では、主語を不可欠としていません。省略する場合が多いですが、主語にあたるものがはっきりしないこともあります（主語については、学説もさまざまです）。その場合は主題が何かをとらえて、文の意味を理解するといいでしょう。

③ 文法上、男女や単数・複数の区別はしません。動詞では、現在・未来が同じ形です。語順もかなり自由です。

④ その場の状況でわかる場合、「名詞（＋助詞)」を省略することが多いです。動詞を使わず、名詞を中心に簡単な表現にすることも多いです。

例）きょうも学校に行きます。⇒きょうも学校です。

⑤ 書かれた日本語には、語と語の切れ目がありません。そのため、特に最初は、文の構造がつかみにくいでしょう。「助詞」をポイントに、文を切るトレーニングをしましょう。

◆ 語彙

① 相手や状況によって、言葉や表現を細かく使い分けます。そのため、類語が多いです。非漢字圏からの外来語がカタカナで表記されます。

② 敬語も社会生活の中でよく使われ重要なので、初級の中でも少しずつ学習していきます。

Distinguishing Features of the Japanese Language

◆ Pronunciation

Japanese pronunciation is fairly simple. There are only five vowel sounds, "a," "i," "u," "e," and "o," and each hiragana and katakana represents only one sound.

◆ Characters

In addition to hiragana and katakana, there is kanji, which provides a bit of a challenge. However, kanji are very convenient words. Work on learning them gradually as you progress in your studies.

◆ Grammar

1: Postpositional particles come after various words when creating sentences. They are a very important, essential part of the Japanese language. Unlike English prepositions, they come after a word. Understanding these is the key to improving your Japanese, so a heavy emphasis is placed on them in this book.

2: While subjects such as "I," "you," and "it" are always established in English, they are not essential in Japanese. While there are many situations in which they are omitted, there are also times when it is not clear what the subject of a sentence is (with various academic theories about subjects). In these cases, work to understand the topic of the sentence in order to understand its meaning.

3: There is no grammatical distinction between gender or singular and plural. Present and future tense take the same verbs. Word order is also quite free.

4: "Noun (+postpositional particle" is often omitted when a certain situation is already understood. There are also many times when simple noun-centric expressions are used with no verb.
Example: きょうも学校に行きます。(I will be going to school today as well.) ·
⇒きょうも学校です。(School today as well.)

5: There are no gaps between words in written Japanese. This will make it difficult for you to understand how a sentence is constructed, especially at first. Work on learning how to break up sentences, with special focus on using postpositional particles.

◆ Vocabulary

1: There are fine differences in words and expressions used depending on who is being spoken to or about, as well as situation. This results in many synonyms. Words that come from areas that do not use Chinese characters are written using katakana.

2: Honorific language is also a frequently used, important part of daily life. It should be something you work on gradually learning, even as a beginner.

Đặc trưng của tiếng Nhật

◆ Phát âm

Phát âm khá đơn giản. Nguyên âm chỉ có 5 âm là A, I , U , E, O, mỗi một chữ Hiragana hay Katakana chỉ thể hiện một âm.

◆ Chữ

Ngoài chữ Hiragana, Katakana còn có chữ Hán nên khá vất vả. Tuy nhiên, chữ Hán là kiểu chữ rất tiện lợi. Các bạn hãy nhớ dần từng chút một trong quá trình học.

◆ Ngữ pháp

① "Trợ từ" đứng đằng sau rất nhiều từ tạo thành câu. Đây là phần rất quan trọng không thể thiếu trong tiếng Nhật. Khác với giới từ trong tiếng Anh, trợ từ đứng đằng sau các từ. Việc hiểu trợ từ là chìa khóa để giỏi tiếng Nhật nên cuốn sách này đặc biệt coi trọng việc học về trợ từ.

② Trong tiếng Anh bắt buộc câu phải có chủ ngữ ví dụ như I, You, It tuy nhiên tiếng Nhật không nhất thiết phải có chủ ngữ. Chủ ngữ thường bị lược bỏ, cũng có nhiều trường hợp khó xác định được rõ ràng chủ ngữ là phần nào. (Có rất nhiều luận thuyết bàn về chủ ngữ). Trong trường hợp đó hãy tìm hiểu xem chủ đề câu là gì để nắm bắt ý nghĩa của câu.

③ Về mặt ngữ pháp, không có sự phân biệt giới tính, số ít, số nhiều. Thời hiện tại và tương lai của động từ có cùng một dạng. Trình tự từ trong câu khá tự do.

④ Trường hợp đã hiểu bối cảnh phát ngôn thì cụm (danh từ + (trợ từ)). Cũng có nhiều cách nói không sử dụng động từ mà biểu hiện đơn giản chủ yếu bằng danh từ.
Ví dụ きょうも学校に行きます。(Hôm nay tôi cũng đến trường)
⇒きょうも学校です。 (Hôm nay cũng + trường học)

⑤ Tiếng Nhật khi viết không viết cách từ với từ. Vì vậy ban đầu người học sẽ khó nắm bắt được cấu trúc câu. Hãy tập trung vào "trợ từ" để luyện cách ngắt câu nhé!

◆ Từ vựng

① Tùy vào người nghe và bối cảnh mà từ vựng và các cách biểu đạt được phân biệt chi tiết. Do đó có rất nhiều từ có nghĩa giống nhau. Những từ ngoại lai mượn từ các vùng không sử dụng chữ Hán được biểu đạt bằng chữ Katakana.

② Kính ngữ cũng rất được coi trọng thường xuyên xuất hiện trong các hoạt động xã hộ do đó dù mới ở mức sơ cấp nhưng các bạn hãy học dần từng chút một về kính ngữ nhé!

あ a	い i	う u	え e	お o
か ka	き ki	く ku	け ke	こ ko
さ sa	し shi	す su	せ se	そ so
た ta	ち chi	つ tsu	て te	と to
な na	に ni	ぬ nu	ね ne	の no
は ha	ひ hi	ふ fu	へ he	ほ ho
ま ma	み mi	む mu	め me	も mo
や ya		ゆ yu		よ yo
ら ra	り ri	る ru	れ re	ろ ro
わ wa				を o
ん n				

が ga	ぎ gi	ぐ gu	げ ge	ご go
ざ za	じ ji	ず zu	ぜ ze	ぞ zo
だ da	ぢ ji	づ zu	で de	ど do
ば ba	び bi	ぶ bu	べ be	ぼ bo
ぱ pa	ぴ pi	ぷ pu	ぺ pe	ぽ po

きゃ kya	きゅ kyu	きょ kyo
しゃ sha	しゅ shu	しょ sho
ちゃ cha	ちゅ chu	ちょ cho
にゃ nya	にゅ nyu	にょ nyo
ひゃ hya	ひゅ hyu	ひょ hyo
みゃ mya	みゅ myu	みょ myo

りゃ rya	りゅ ryu	りょ ryo

ぎゃ gya	ぎゅ gyu	ぎょ gyo
じゃ ja	じゅ ju	じょ jo

びゃ bya	びゅ byu	びょ byo
ぴゃ pya	ぴゅ pyu	ぴょ pyo

カタカナ Katakana

a	i	u	e	o
ア	イ	ウ	エ	オ
ka	ki	ku	ke	ko
カ	キ	ク	ケ	コ
sa	shi	su	se	so
サ	シ	ス	セ	ソ
ta	chi	tsu	te	to
タ	チ	ツ	テ	ト
na	ni	nu	ne	no
ナ	ニ	ヌ	ネ	ノ
ha	hi	fu	he	ho
ハ	ヒ	フ	ヘ	ホ
ma	mi	mu	me	mo
マ	ミ	ム	メ	モ
ya		yu		yo
ヤ		ユ		ヨ
ra	ri	ru	re	ro
ラ	リ	ル	レ	ロ
wa				o
ワ				ヲ
n				
ン				

ga	gi	gu	ge	go
ガ	ギ	グ	ゲ	ゴ
za	ji	zu	ze	zo
ザ	ジ	ズ	ゼ	ゾ
da	ji	zu	de	do
ダ	ヂ	ヅ	デ	ド
ba	bi	bu	be	bo
バ	ビ	ブ	ベ	ボ
pa	pi	pu	pe	po
パ	ピ	プ	ペ	ポ

kya	kyu	kyo
キャ	キュ	キョ
sha	shu	sho
シャ	シュ	ショ
cha	chu	cho
チャ	チュ	チョ
nya	nyu	nyo
ニャ	ニュ	ニョ
hya	hyu	hyo
ヒャ	ヒュ	ヒョ
mya	myu	myo
ミャ	ミュ	ミョ

rya	ryu	ryo
リャ	リュ	リョ

gya	gyu	gyo
ギャ	ギュ	ギョ
ja	ju	jo
ジャ	ジュ	ジョ

bya	byu	byo
ビャ	ビュ	ビョ
pya	pyu	pyo
ピャ	ピュ	ピョ

この ほんに でてくる ひとたち

People Who Appear in this Book　Nhân vật xuất hiện trong cuốn sách này

マリア
Maria

オーストラリア
Ōsutoraria
がくせい
gakusē
とうきょうにほんごがっこう
Tōkyō Nihongo gakkō

ポール
Pōru

イギリス
Igirisu
がくせい
gakusē
とうきょうにほんごがっこう
Tōkyō Nihongo gakkō

ワン
Wan

ちゅうごく
Chūgoku
がくせい
gakusē
しぶやだいがく
Shibuya daigaku

キム
Kimu

かんこく
Kankoku
がくせい
gakusē
しぶやだいがく
Shibuya daigaku

マイカ
Maika

フィリピン
Firipin
けんしゅうせい
kenshūsē
しんじゅくびょういん
Shinjuku byōin

リンダ
Rinda

アメリカ
Amerika
きょうし（えいご）
kyōshi (ēgo)
よこはまスクール
Yokohama sukūru

グエン
Guen

ベトナム
Betonamu
がくせい
gakusē
とうきょうにほんごがっこう
Tōkyō Nihongo gakkō

たなかせんせい
Tanaka sensē

にほん
Nihon
きょうし（にほんご）
Kyōshi (nihongo)
とうきょうにほんごがっこう
Tōkyō Nihongo gakkō

アリ
Ari

インドネシア
Indoneshia
がくせい
gakusē
しぶやだいがく
Shibuya daigaku

さくら
Sakura

にほん
Nihon
がくせい
gakusē
しぶやだいがく
Shibuya daigaku

あおき
Aoki

にほん
Nihon
かいしゃいん
kaishain
ABC りょこう
Ēbīshī ryokō

この 本に ついて

About this Book　Về cuốn sách này

● この本では漢字を使っていませんが、シリーズの次のレベルから漢字を含めたスタイルになります。ローマ字表記では、固有名詞を含め、日本式の書き方で統一しています。

While this book does not use kanji, the next level in this series does begin to use kanji. All Romanization used is Nihon-shiki, including Romanization of proper nouns.

Cuốn sách này không dùng chữ Hán nhưng từ cấp độ tiếp theo trong dòng sách này sẽ bao gồm cả chữ Hán. Về cách viết chữ Romaji, sách thống nhất theo cách viết kiểu Nhật bao gồm cả tên các danh từ riêng.

● 学習サポートのための専用サイトがあります。下記の QR コードからアクセスできます。

A specialized website has been created to help learners. It can be accessed using the following QR code.

Có trang web chuyên dụng riêng để hỗ trợ việc học.

CDの内容　CD Contents / Nội dung CD

付属の CD には以下の内容が収められています。

The following are included in the attached CD.

Đĩa CD đính kèm bao gồm các nội dung sau:

▶ **かいわ**　Conversations　Hội thoại

▶ **ステップアップ！**　Step Up　Mở rộng thêm (Step-up)

▶ **どんどんはなしましょう**　Keep Talking　Hãy cùng nói

▶ **ミニレッスン**　Mini-Lessons　Bài học nhỏ

● 音声をダウンロードすることもできます。ダウンロードの方法は p.8 ～ p.9 にあります。（日本語版と英語版があります。）

This voice data can also be downloaded. See p.8-p.9 for how to download it.(English version only.)

Có thể tải file âm thanh. Cách tải được ghi ở trang 8, trang 9. (Chỉ có bản tiếng Anh)

この本で使う記号　Symbols Used in this Book / Những kí hiệu sử dụng trong cuốn sách này

N ＝めいし　Noun / Danh từ　　　　　　　NA ＝な-けいようし　Na-adjective / Tính từ đuôi な

A ＝い-けいようし　I-adjective / Tính từ đuôi い　　V ＝どうし　Verb / Động từ

今、スーパーで 買い物を して います

Ima, sūpā de kaimono o shite imasu

I am shopping at the supermarket right now
Bây giờ tớ đang mua đồ ở siêu thị

キーワード
Keywords

～て います	～て ください	～ないでください
～ te imasu	～ te kudasai	～naide kudasai

🗨 かいわ・1　Dialogue　〈でんわで denwa de〉

キム　　今、どこに　いますか。

アリ　　大学の　食堂です。友だちと　お昼を　食べて　います。

Kimu　Ima, doko ni imasu ka?

Ari　Daigaku no shokudō desu. Tomodachi to o-hiru o tabete imasu.

🗨 かいわ・2　Dialogue　〈でんわで denwa de〉

ポール　　マリアさんは　今、学校ですか。

マリア　　いいえ。今、スーパーで　買い物を　して　います。

Pōru　Maria-san wa ima, gakkō desu ka?

Maria　Īe. Ima, sūpā de kaimono o shite imasu.

🗨 かいわ・3　Dialogue

グエン　　あれ？　ポールさんは？

友だち　　あそこに　いますよ。だれかと　でんわで　話して　います。

Guen　Are? Pōru-san wa?

Tomodachi　Asoko ni imasu yo. Dareka to denwa de hanashite imasu.

🗨 かいわ・4　Dialogue

キム　　今、何を　して　いますか。

ワン　　レポートを　書いて　います。

Kimu　Ima, nani o shite imasu ka?

Wan　Repōto o kaite imasu.

かいわ・5
Dialogue

A　　ごみは ここに すてて ください。

B　　わかりました。

A　Gomi wa koko ni sutete kudasai.
B　Wakarimashita.

かいわ・6
Dialogue

店員　　ここに 名前と 住所を 書いて ください。
てんいん　　　　なまえ　　じゅうしょ　　か

Ten'in　Koko ni namae to jūsho o kaite kudasai.

言ってみましょう　Say Try

❶　| パン / コーヒー | を | たべて / のんで | います。

Pan / Kōhī o tabete / nonde imasu.

❷　いま、| べんきょう / れんしゅう | を して います

Ima, benkyō / renshū o shite imasu.

❸　この 本を | 読んで / 使って | ください。
ほん　　　　よ　　つか

Kono hon o yonde / tsukatte kudasai.

❹　CDを | 聞いて / かして | ください。
き

CD o kīte / kashite kudasai.

❺　ここに | 来て / でんわして | ください。
き

Koko ni kite / denwa shite kudasai.

19

1 ～ないで ください
nai de　kudasai

❶ そこに　にもつを　置かないで　ください。──あ、すみません。
Soko ni nimotsu o okanaide kudasai.　　　　　　　　　A, sumimasen.

❷ それは　さわらないで　ください。危ないです。──わかりました。
Sore wa sawaranaide kudasai. Abunai desu.　　　　　　Wakarimashita.

❸ あした、この　チケットを　わすれないで　くださいね。──わかりました。
Ashita, kono chiketto o wasurenaide kudasai ne.　　　Wakarimashita.

2 どうぞ ～て ください
Dōzo　　te　kudasai

どうぞ、中に　入って　ください。──はい。
Dōzo naka ni haitte kudasai.　　　　　　Hai.

3 ちょっと ～て ください
Chotto　　te　kudasai

❶ 〈レストランで　Resutoran de〉

何を　ちゅうもんしますか。── あ、ちょっと　待って　ください。
Nani o chūmon-shimasu ka?　　　　A, chotto matte kudasai.

❷ すみません、ちょっと　教えて　ください。── はい、なんですか。
Sumimasen, chotto oshiete kudasai.　　　　　　Hai, nan desu ka?

4 右・左
Migi　Hidari

1 つぎの　かどを　右に　曲がって　ください。
みぎ　　ま

Tsugi no kado o migi ni magatte kudasai.

2 つぎの　交差点を　左に　曲がって　ください。
こうさてん　ひだり　　ま

Tsugi no kōsaten o hidari ni magatte kudasai.

5 そして
Soshite

1 この　道を　まっすぐ　行って　ください。そして、つぎの　角を
みち　　　　　い　　　　　　　　　　　　　　　　　かど
左に　曲がって　ください。
ひだり　ま

Kono michi o massugu itte kudasai. Soshite, tsugi no kado o hidari ni magatte
kudasai.

2 ここに　コップを　置いて　ください。そして、この　ボタンを
お
押して　ください。お湯が　出ます。
お　　　　　　　　　　ゆ　　で

Kokoni koppu o oite kudasai. Soshite, kono botan o oshite kudasai. O-yu ga
demasu.

1 て形（te-form／thể て）を 書いて ください。　Te-kē (te-form／thể て) o kaite kudasai.

のみます nomimasu	れい）　のんで Rē)　　nonde	来ます kimasu	
行きます ikimasu		おしえます oshiemasu	
話します hanashimasu		見ます mimasu	
あるきます arukimasu		およぎます oyogimasu	
食べます tabemasu		あそびます asobimasu	

2 言って ください。 Itte kudasai.

れい１）のみます　→　のんで　ください
Rē 1)　　nomimasu　　　　nonde kudasai

① 行きます　→
ikimasu

② 話します　→
hanashimasu

③ あるきます　→
arukimasu

④ 食べます　→
tabemasu

⑤ 来ます　→
kimasu

⑥ おしえます　→
oshiemasu

⑦ 見ます　→
mimasu

⑧ およぎます　→
oyogimasu

⑨ あそびます　→
asobimasu

れい2）おちゃを のみます　→　おちゃを　のんで　います
Re 2)　　　O-cha o nomimasu　　　　　O-cha o nonde imasu

① ともだちと　はなします　→
Tomodachi to hanashimasu

② 駅まで　あるきます　→
Eki made arukimasu

③ ゆうはんを　たべます　→
Yūhan o tavemasu

④ スマホを　見ます　→
Sumaho o mimasu

⑤ プールで　およぎます　→
Pūru de oyogimasu.

3 絵を 見て ことばを 入れて ください。　E o mite, kotoba o irete kudasai.

れい）
Re)
本を　読んで　います。
Hon o yonde imasu.

① 

② 

③ 

④ 

① _______________________________________。

② _______________________________________。

③ _______________________________________。

④ _______________________________________。

れい）
Rē)

どうぞ、 <u>入って　ください。</u>
　　　　　　は　い
Dōzo,　　haitte kudasai.

① ② ③ ④

① どうぞ、　　　　　　　　　　　　　　　　　　　　　　　　　　　　　。
Dōzo

② どうぞ、ここに　　　　　　　　　　　　　　　　　　　　　　　　　　。
Dōzo　koko ni

③ すみません、しょうゆを　　　　　　　　　　　　　　　　　　　　　　。
Sumimasen　shōyu o

④ すみません、ちょっと　ペンを　　　　　　　　　　　　　　　　　　　。
Sumimasen　chotto pen o

5 ない形(けい)(nai-form ／ thể ない)を 書(か)いて ください。　Nai-kē (nai-form ／ thể ない) o kaite kudasai.

行きます ikimasu	れい） いかない Rē)　ikanai	話します hanashimasu	
はいります Hairimasu		読みます yomimasu	
します Shimasu		おくれます okuremasu	
いれます Iremasu		帰ります kaeremasu	
来ます kimasu		います imasu	

6 **Choose a word and enter it 「〜ないで」 form.**
Hãy chọn từ, chuyển sang thể 「〜ないで」 rồi điền vào.

れい）　ここは、何(なに)も　（　書(か)かないで　）　ください。
Rē)　　Koko wa　nani mo　　kakanaide　　　　kudasai

① ここで　タバコを　（　　　　　）　ください。
　 Koko de tabako o　　　　　　　　　　kudasai

② 大(おお)きい　こえで　（　　　　　）　ください。
　 Ōkī koe de　　　　　　　　　　kudasai

③ この　ぎゅうにゅうは　古(ふる)いです。（　　　　　）　ください。
　 Kono gyūnyū wa furui desu.　　　　　　　　kudasai

④ かさを　（　　　　　）　ください。
　 Kagi o　　　　　　　　kudasai

話(はな)します	書(か)きます	わすれます	すいます	飲(の)みます
hanashimasu	kakimasu	wasuremasu	suimasu	nomimasu

マイカ　おはようございます。マイカです。

B　　　ああ、おはようございます。

マイカ　いま、外ですか。

B　　　ええ。犬の　散歩を　して　います。

マイカ　そうですか。大丈夫ですか。

B　　　大丈夫ですよ。どうしましたか。

マイカ　あのう、すみません、お花見の　日にちを　もう　一度　教えて
　　　　ください。

B　　　ああ、お花見ですね。15日の　土曜日です。

マイカ　わかりました。ありがとうございます。

B　　　いいえ。

Maika	Ohayōgozaimasu. Maika desu.
B	Ā, ohayōgozaimasu.
Maika	Ima, soto desu ka?
B	Ē. Inu no sanpo o shite imasu.
Maika	Sō desu ka. Daijōbu desu ka?
B	Daijōbu desu yo. Dō shimashita ka?
Maika	Anō, sumimasen, o-hanami no hinichi o mō ichido oshiete kudasai.
B	Ā, o-hanami desu ne. Jūgonichi no doyōbi desu.
Maika	Wakarimashita. Arigatōgozaimasu.
B	Īe.

あたらしいことば
New words and expressions

しょくどう	shokudō	cafeteria	nhà ăn
お昼（ひる）※ここでは「昼（ひる）ごはん」の こと	o-hiru	lunch	bữa trưa
スーパー	sūpā	supermarket	siêu thị

だれか	dareka	someone	ai đó
レポート	repōto	report	báo cáo
ごみ	gomi	garbage	rác
すてます	sutemasu	will throw away	vứt
じゅうしょ	jūsyo	address	địa chỉ
みなさん ※「みんな」の 丁寧な 言い方	minasan	everybody *A polite way to say 「みんな」	các bạn
れんしゅう	renshū	practice	luyện tập
かします	kashimasu	will lend	cho mượn, cho thuê
にもつ	nimotsu	baggage	hành lý
さわります	sawarimasu	will touch	sờ, chạm vào
わすれます	wasuremasu	will forget	quên
まちます	machimasu	will wait	chờ
おしえます	oshiemasu	will teach	dạy
かど	kado	corner	góc
みぎ	migi	right	bên phải
まがります	magarimasu	will turn	rẽ
こうさてん	kōsaten	intersection	ngã tư
ひだり	hidari	left	bên trái
そして	soshite	and then	và, rồi
まっすぐ	massugu	straight	thẳng
コップ	coppu	cup	cốc
ボタン	botan	button	nút
お - ゆ	o-yu	hot water	nước sôi
おはようございます	ohayōgozaimasu	good morning	xin chào (chào buổi sáng)
そと	soto	outside	bên ngoài
だいじょうぶ（な）	daijōbu (na)	okay; alright	không sao, chắc khỏe
ひにち	hinichi	date	ngày, ngày hẹn

■ V ています

Primarily used with verbs that indicate action to indicate that the action is continuing.

Example 1: こうえんで　子どもが　あそんで　います。(Children are playing at the park.)

Example 2: 今、うちで　べんきょうして　います。(I am doing homework at home right now.)

■ V てください／ V ないでください

An expression used to request or instruct someone to do (or not to do) something for the sake of the speaker.

Example 1: すみません。ちょっと　これを　見て　ください。
(Excuse me. Could you please look at this for a moment?)

Example 2: そこに　ゴミを　すてないで　ください。ここに　すてて　ください。
(Please do not throw garbage away there. Please throw it away here.)

- -

■ V ています

Chủ yếu dùng cho các động từ thể hiện động tác, hiển thị ý rằng động tác đó đang tiếp diễn.

Ví dụ 1: こうえんで　子どもが　あそんで　います。(Trẻ con đang chơi ở công viên.)

Ví dụ 2: 今、うちで　べんきょうして　います。(Bây giờ tôi đang học ở nhà.)

■ V てください／ V ないでください

Là cách nói nhờ hay chỉ thị cho ai đó làm gì đó (hay không làm gì đó) cho người nói.

Ví dụ 1: すみません。ちょっと　これを　見て　ください。
(Xin lỗi. Hãy nhìn vào đây một chút.)

Ví dụ 2: そこに　ゴミを　すてないで　ください。ここに　すてて　ください。
(Đừng vứt rác ở đó. Hãy vứt ở đây.)

■ V ています

主に動作を表す動詞に使って、その動作が続いていることを表します。

れい1）こうえんで　子どもが　あそんで　います。

れい2）今、うちで　べんきょうして　います。

■ V てください／ V ないでください

話し手のために何かをするように（しないように）相手にお願いしたり指示したりする表現です。

れい1）すみません。ちょっと　これを　見て　ください。

れい2）そこに　ゴミを　すてないで　ください。ここに　すてて　ください。

Unit 2

ここに 紙を 置いて、
この ボタンを 押して ください

Koko ni kami o oite kono botan o oshite kudasai

Place the paper here, then please press this button.

Đặt giấy ở đây sau đó hãy ấn nút này

キーワード
Keywords

V₁ て V₂	V ますかた	V て、それから〜
V₁ te V₂	V masu kata	V te, sorekara 〜

V₁ ますに V₂		
V₁ masu ni V₂		

かいわ・1　Dialogue

マリア　まっすぐ　行って、さいしょの　こうさてんを　左に　まがって
　　　　ください。

運転手　さいしょの　こうさてんを　左ですね。わかりました。

Maria　　　Massugu itte, saisho no kōsaten o hidari ni magatte kudasai.

Untenshu　Saisho no kōsaten o hidari desu ne. Wakarimashita.

かいわ・2　Dialogue

グエン　すみません、コピーの　しかたを　教えて　ください。

あおき　ここに　紙を　置いて、この　ボタンを　押して　ください。

Guen　Sumimasen, kopī no shikata o oshiete kudasai.

Aoki　Koko ni kami o oite, kono botan o oshite kudasai.

かいわ・3　Dialogue

ポール　これから　どう　しますか。

マリア　ちょっと　買い物を　して、それから、しゅくだいを　します。

Pōru　Korekara dō shimasu ka?

Maria　Chotto kaimono o shite, sorekara, shukudai o shimasu.

かいわ・4　Dialogue

ポール　あしたは　何を　しますか。

グエン　友だちと　えいがを　見に　行きます。

Pōru　Ashita wa nani o shimasu ka?

Guen　Tomodachi to ēga o mi ni ikimasu.

かいわ●5
Dialogue

さくら　きょうも　いそがしいですか。

ワン　　ええ。としょかんに　行って　少し　べんきょうして、それから、
アルバイトに　行きます。

Sakura　Kyō mo isogashī desu ka?

Wan　　Ē. Toshokan ni itte sukoshi benkyō-shite, sorekara, arubaito ni ikimasu.

かいわ●6
Dialogue

A　　　アリさんは？

B　　　さっきの　店に、忘れ物を　とりに　もどりました。

A　　Ari-san wa?

B　　Sakki no mise ni, wasuremono o tori ni modorimashita.

言ってみましょう
Say Try

❶
| すわって |
| 帰って |

休みます。

Suwatte / kaette yasumimasu.

❷
| 行き方 |
| 作り方 |

を　聞きました。

Ikii kata / Tsukuri kata o kikimashita.

❸
| 毎朝　30分　はしって |
| そうじと　洗たくを　して |

、それから、

| 朝食を　食べます |
| 出かけます |

。

Maiasa sanjuppun hashitte / Sōji to sentaku o shite, sorekara
chōshoku o tabemasu / dekakemasu.

❹
| ふくを　買い |
| はがきを　出し |

に　行きます。

Fuku o kai / Hagaki o dashi ni ikimasu.

1 **まず**
mazu

A　朝　起きて、まず、何を　しますか。
あさ　お　　　　　　なに
Asa okite, mazu, nani o shimasu ka?

B　わたしは　まず、かおを　洗って、歯を　みがきます。
あら　　は
Watashi wa mazu, kao o aratte, ha o migakimasu.

A　そうですか。わたしは、まず、カーテンを　開けます。
あ
Sō desu ka. Watashi wa, mazu, kāten o akemasu.

2 **～てから**
te kara

すぐ　ねますか。――いえ、シャワーを　あびてから　ねます。
Sugu nemasu ka?　　　　Ie, shawā o abite kara nemasu.

もう　行きますか。――いえ。もう　少し　休んでから　行きます。
い　　　　　　　　　　　　すこ　　やす　　　　　　い
Mō ikimasu ka?　　　　Ie. Mō sukoshi yasunde kara ikimasu.

何か　食べてから、くすりを　飲んで　ください。
なに　た　　　　　　　　　　　の
Nanika tabete kara, kusuri o nonde kudasai.

3 **～に　Vませんか**
ni　　masen ka?

A　お昼を　食べに　行きませんか。
ひる　　た　　　い
O-hiru o tabe ni ikimasen ka

B　そうですね。行きましょう。
い
Sō desu ne. Ikimashō.

こ こ に　紙 を　置 い て、こ の　ボ タ ン を　押 し て　く だ さ い
Koko ni kami o oite kono botan o oshite kudasai

4 ～の 前に
no mae ni

❶ しょくじの　前に、ちょっと　さんぽを　したいです。──あ、いいですね。

Shokuji no mae ni, chotto sanpo o shitaidesu.　　　　　　　　A, Ī desu ne.

❷ テストの　前に、もう　一回、じゅぎょうが　あります。

Tesuto no mae ni, mō ikkai jugyō ga arimasu.

5 ～の あと
no ato

❶ れんしゅうの　あと、きゅうに　おなかが　いたくなりました。

Renshū no ato, kyūni onaka ga itaku narimashita.

❷ じゅぎょうの　あとに、ここで　会いましょう。──ここですね。はい。

Jugyō no ato ni, koko de aimashō.　　　　　　　　Koko desune. Hai.

れんしゅうしましょう
Let's practice

1 **Turn this into 「～かた」 form.** ／ **Hãy chuyển sang thể 「～かた」.**

れい） かきます　→　この　しょるいの　かきかたを　おしえて　ください。

Re) 　kakimasu　　Kono shorui no 　　kakikata o oshiete kudasai.

① よみます　→　この　漢字の　　　　　　　　が　わかりません。

yomimasu　　Kono kanji no 　　＿＿＿＿＿＿　ga　wakarimasen.

② つかいます → この　じしょの　　　　　　　を　おしえて　ください。

tsukaimasu　Kono jisho no 　　＿＿＿＿＿＿　o oshiete kudasai.

③ つくります → タイりょうりの　　　　　　　が　知りたいです。

tsukurimasu　Tai ryōri no 　　＿＿＿＿＿＿　ga shiritai desu.

 Turn this into「～て、……」form. ／ Hãy chuyển sang thể「～て、……」.

れい）かぎを　かけます／うちを　出ます

Re　　kagi o kakemasu　　uchi o demasu

　　→　かぎを　かけて、うちを　出ました。

　　　　Kagi o kakete, uchi o demashita.

① 朝　おきます／せんたくを　します
　あさ

Asa　okimasu　　sentaku o　shimasu

　→

② しょくじを　作ります／食べます
　　　　　つく　　　　た

Shokuji o tsukurimasu　　tabemasu

　→

③ 買い物を　します／うちに　帰ります
　か　もの　　　　　　　　　　かえ

Kaimono o shimasu　　uchi ni kaerimasu

　→

④ おべんとうを　買います／帰ります
　　　　　　　か　　　　かえ

O-bentō o kaimasu　　　　kaerimasu

　→

 Look at the picture and write a「～てから」form sentence.
Hãy xem tranh rồi viết câu dùng thể「～てから」.

れい）
Re ）

シャワーを　あびてから、ねます。

Shawā o abite kara, nemasu.

①

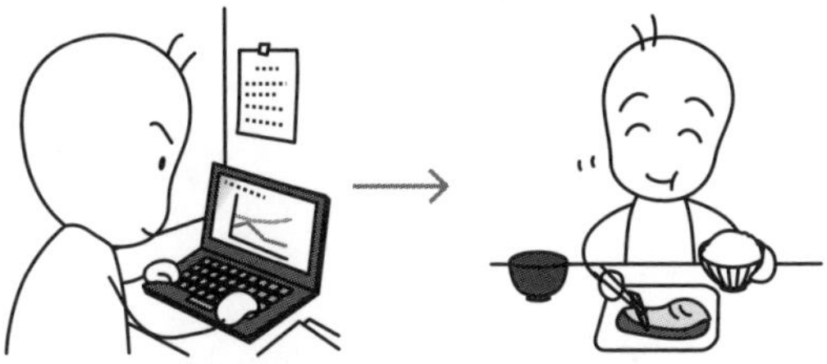

②

③

④

---

4 **Look at the picture and write a 「〜に 行きます」 form sentence.**
Hãy xem tranh rồi viết câu dùng thể 「〜に 行きます」.

れい)
Re)

ゆうびんきょく
yūbinkyoku

ゆうびんきょくへ　にもつを　出しに　行きます。
Yūbinkyoku e nimotsu o dashi ni ikimasu.

① 

こうえん
kōen

② ほんや
hon'ya

③ としょかん
toshokan

④ プール
pūru

---

5 **Turn this into a** 「～に 行きます」 **form sentence.** ／ **Hãy viết câu dùng thể** 「～に 行きます」.

れい） かいしゃへ　はたらきに　行きます。（はたらきます）
Re） Kaisha e　hataraki ni　ikimasu　hatarakimasu

① ともだちの　うちへ ＿＿＿＿＿＿ 行きます。（あそびます）
Tomodachi no uchi e　　　　ikimasu.　asobimasu

② コンビニへ ＿＿＿＿＿＿ 行きます。（パンを　買います）
Konbini e　　　　ikimasu.　pan o kaimasu

③ 山へ ＿＿＿＿＿＿ 行きます。（えを　かきます）
Yama e　　　　ikimasu.　e o kakimasu

④ カフェへ ＿＿＿＿＿＿ 行きます。（コーヒーを　飲みます）
Kafe e　　　　ikimasu.　kōhī o nomimasu

6 （　）の ことばを 使って、文を 書いて ください。（　）no kotoba o tsukatte, bun o kaite kudasai.

れい１）べんきょうします→テスト（まえに）
Re 1)　benkyō-shimasu　　　tesuto　　mae ni

　　→ テストの　まえに、べんきょうします。
　　　Tesuto no mae ni, benkyō-shimasu.

れい２）しごと→スーパーへ　行きます（あとで）
Re 2)　shigoto　sūpā e ikimasu　　　　　ato de

　　→ しごとの　あとで、スーパーへ　行きます。
　　　Shigoto no ato de, sūpā e ikimasu.

① きょうかしょを　読みます→じゅぎょう（まえに）
kyōkasho o yomimasu　　　　jugyō　　　mae ni

　→ ____

② 手を　あらいます→しょくじ（まえに）
te o araimasu　　　　shokuji　　mae ni

　→ ____

③ じゅぎょう→カラオケに　行きます（あとで）
jugyō　　　　karaoke ni ikimasu　　　ato de

　→ ____

④ アルバイト→ラーメンを　食べます（あとで）
arubaito　　　rāmen o tabemasu　　　　ato de

　→ ____

❶

A　土曜日は　何を　しましたか。

B　妹と　公園に　行って、そこで　おべんとうを　食べて、それから、家に　帰って　ビデオを　見ました。

A　Doyōbi wa nani o shimasita ka?

B　Imōto to kōen ni itte, sokode o-bentō o tabete, sorekara, ie ni kaette bideo o mimashita.

❷

A　すみません、これの　使い方を　教えて　ください。

B　ここに　カップを　置いて、ホットか　アイスか、えらんで　ください。

それから、この　ボタンを　押して　ください。お湯が　出て、止まります。

A　わかりました。そんなに　むずかしくないですね。

A　Sumimasen, kore no tsukai kata o oshiete kudasai.

B　Kokoni kappu o oite, hotto ka aisu ka, erande kudasai. Sorekara, kono botan o oshite kudasai. O-yu ga dete, tomarimasu.

A　Wakarimashita. Sonna ni muzukashikunai desu ne.

あたらしい ことば
New words and expressions

さいしょ	saisho	first	ban đầu
かみ［紙］	kami	paper	giấy
おします	oshimasu	will press	bấm, ấn
ええ ※「はい」の 少し やわらかい 言い方	ē	yes *A slightly softer way to say「はい」	vâng, ừ
わすれもの	wasuremono	forgotten goods	đồ bỏ quên
もどります	modorimasu	will return	quay trở lại
おきます［起］	okimasu	will wake up	ngủ dậy
まず	mazu	first	trước
あらいます	araimasu	wash	rửa
は［歯］	ha	tooth	răng
みがきます	migakimasu	will brush	đánh (răng, giày)
カーテン	kāten	curtain	rèm cửa
あけます	akemasu	will open	mở
くすり	kusuri	medicine	thuốc
きゅうに	kyū ni	suddenly	đột nhiên
いたみます	itamimasu	will hurt	bị đau, bị hỏng
すわります	suwarimasu	will sit	ngồi
はしります	hashirimasu	will run	chạy
ちょうしょく	chōshoku	breakfast	bữa sáng
せんたく	sentaku	selection	giặt
（お）べんとう	(o)bentō	boxed lunch	cơm hộp
ビデオ	bideo	video	đầu video
ホット	hotto	hot	nóng
アイス	aisu	iced	đá (đồ uống có đá)

■ V₁ て、V₂

「て」 plays the role of connecting what comes before and after it. It is used when discussing things that happen in succession.

Example 1: しょくじを　して、えいがを　見て、うちに　帰りました。
(I ate, then I watched a movie, then I went home.)

Example 2: しゅくだいを　して、本を　読んで、それから、ねます。
(I do my homework, then I read a book, and then I sleep.)

■ V₁ に V₂

An expression used to describe a goal, then actions taken to accomplish it.
This takes the form of 「V～ます＋に＋V」

Example 1: ネクタイを　買います に、デパートに　行きます。
(I will go to the department store to buy a necktie.)

Example 2: けいざいを　べんきょうします に、日本に　りゅうがくしました。
(I studied abroad in Japan to study economics.)

- -

■ V₁ て、V₂

「て」 đóng vai trò nối vết câu trước và vế câu sau. Dùng khi muốn diễn tả các hành động diễn ra liên tục.

Ví dụ 1: しょくじを　して、えいがを　見て、うちに　帰りました。(Tôi ăn tối, xem phim rồi về nhà.)

Ví dụ 2: しゅくだいを　して、本を　読んで、それから、ねます。(Tôi làm bài tập, đọc sách sau đó ngủ.)

■ V₁ に V₂

Là cách nói thể hiện theo tuần tự : [Mục đích ⇒ Hành động để đạt được mục đích đó]
Dùng ở thể 「V～ます＋に＋V」

Ví dụ 1: ネクタイを　買います に、デパートに　行きます。(Tôi đến cửa hàng bách hóa để mua cà-vạt.)

Ví dụ 2: けいざいを　べんきょうします に、日本に　りゅうがくしました。(Tôi đến Nhật du học để học kinh tế.)

■ V₁ て、V₂

「て」は、その前と後ろをつなぐ役割をする。連続して起こることを言うときに用います。

れい1) しょくじを　して、えいがを　見て、うちに　帰りました。

れい2) しゅくだいを　して、本を　読んで、それから、ねます。

■ V₁ に V₂

「目的 ⇒ そのための動作」の順で述べる表現です。
「V～ます＋に＋V」の形になります。

れい1) ネクタイを　買います に、デパートに　行きます。

れい2) けいざいを　べんきょうします に、日本に　りゅうがくしました。

Unit 3

これ、わたしも 知っています

Kore, watashi mo shitte imasu

I know this one too
Truyện này mình cũng biết

 **キーワード**
Keywords

〜て います ［結果の状態］	〜て います ［習慣・くり返し］
〜 te imasu	〜 te imasu
〜て います ［職業］	〜たち
〜te imasu	〜tachi

グエン　ポールさんは　パソコンを　持っていますか。

ポール　いえ、わたしは　持っていません。

Guen　Pōru-san wa pasokon o motte imasu ka?

Pōru　Ie, watashi wa motte imasen.

かいわ・2
Dialogue

マリア　何を　読んで　いますか。

ポール　ああ、これは　日本の　有名な　マンガです。

マリア　へえ。……あっ、これ、わたしも　知って　います。

Maria　Nani o yonde imasu ka?

Pōru　Ā, kore wa nihon no yūmēna manga desu.

Maria　Hē. ……Att, kore, watashi mo shitte imasu.

かいわ・3
Dialogue

さくら　ワンさんは　今、どこに　住んで　いますか。

ワン　　青山公園の　近くに　住んで　います。

Sakura　Wan-san wa ima, doko ni sunde imasu ka?

Wan　Aoyama kōen no chikaku ni sunde imasu.

かいわ・4
Dialogue

マイカ　何を　見て　いますか。

あおき　サッカーの　しあいです。日本　対　ブラジルです。

マイカ　どっちが　勝って　いますか。

あおき　ブラジルです。

Maika　Nani o mite imasu ka?

Aoki　Sakkā no shiai desu. Nihon tai Burajiru desu.

Maika　Docchi ga katte imasu ka?

Aoki　Burajiru désu.

かいわ・5
Dialogue

A　石川さんは　結婚して　いますか。

B　石川さんですか。ええ。子どもも　二人　いますよ。

A　へえ。そうですか。

言ってみましょう
Say Try

❶　あおきさんは　| 車 / この本 |　を　持って　います。

Aoki-san wa kuruma / kono hon o motte imasu.

❷　彼の　| 名前 / 電話ばんごう |　を　知って　いますか。

Kare no namae / denwa bangō o shitte imasu ka?

❸　へやで　| ねて / バスを　待って |　います。

Heya de nete / Basu o matte imasu.

❹　| 電車が　止まって / パソコンが　こわれて |　います。

Densha ga tomatte / Pasokon ga kowarete imasu.

1 ～て います [occupation / nghề nghiệp]
te　imasu

❶ A　お仕事は 何ですか。
O-shigoto wa nan desu ka?

　B　教師です。高校で 英語を 教えて います。
Kyōshi desu. Kōkō de ēgo o oshiete imasu.

❷ A　何の お仕事を して いますか。
Nan no o-shigoto o shite imasu ka?

　B　デザインを して います。車の デザインです。
Dezain o shite imasu. Kuruma no dezain desu.

2 ～て います [custom, repetition / thói quen - lặp đi lặp lại]
te　imasu

❶ A　アパートは 大学から 近いですか。
Apāto wa daigaku kara chikai desu ka?

　B　ええ、近いですよ。毎日、歩いて 大学に 通って います。
Ē, chikai desu yo. Mainichi, aruite daigaku ni kayotte imasu.

❷ A　この 店は 人気が ありますね。
Kono mise wa ninki ga arimasu ne.

　B　ええ。いつも 店の 前に たくさんの 人が ならんで います。
Ē. Itsumo mise no mae ni takusan no hito ga narande imasu.

3 ～て います [resulting state / trạng thái của kết quả]
te imasu

❶ その パソコンは 今、こわれて います。ほかのを 使って ください。

Sono pasokon wa ima, kowarete imasu. Hoka no o tsukatte kudasai.

❷ まどが 開いて いますね。閉めましょう。

Mado ga aite imasu ne. Shimemashō.

❸ 田中さんは けがを して います。しばらく れんしゅうは できません。

Tanaka-san wa kega o shite imasu. Shibaraku renshū wa dekimasen.

4 ～たち
tachi

❶ この 店は、学生たちに 人気が あります。

Kono mise wa, gakusē-tachi ni ninki ga arimasu.

❷ 近所の 子どもたちが、よく ここで 遊んで います。

Kinjo no kodomo-tachi ga, yoku koko de asonde imasu.

5 すみませんが～
Sumimasen ga

❶ すみませんが、少し ここで 待って ください。

Sumimasen ga, sukoshi koko de matte kudasai.

❷ すみませんが、もう 一度 言って ください。

Sumimasen ga, mō ichido itte kudasai.

❸ すみませんが、10分くらい 遅く なります。

Sumimasen ga, juppun-kurai osoku narimasu.

1 **Turn this into a** 「〜ています」 **form sentence.** ／ Hãy viết câu dùng thể 「〜ています」.

れい）田中さん／けっこんします
Re　Tanaka-san　kekkon-shimasu

→ 田中さんは　けっこんして　います。
Tanaka-san wa kekkon-shite imasu.

① 母／車を　持ちます
Haha　kuruma o mochimasu

→ ____________________

② リーさん／田中さんを　知ります
Rī-san　　　Tanaka-san o shirimasu

→ ____________________

③ おとうと／東京に　住みます
Otōto　　　Tōkyō ni sumimasu

→ ____________________

2 ことばを　入れて　ください。 Kotoba o irete kudasai.

れい）パソコンを　持って　いますか。
Re)　Pasokon o motte imasu ka?

——はい、持って います。／いいえ、持って いません。
Hai, motte imasu.　　Ie, motte imasen.

① けっこんして いますか。——はい、____________。
Kekkon-shite imasu ka?　　　Hai

② かぞくは　日本に　住んで　いますか。——いいえ、____________。
Kazoku wa nihon ni sunde imasu ka?　　　Ie

③ 山田さんを　知って　いますか。——いいえ、____________。
Yamada-san wo shitte imasu ka.　　　Ie

④ あの　人を　知って　いますか。——はい、____________。
Ano hito o shitte imasu ka?　　　Hai

3 **Turn this into a「〜ています」form sentence.** ／ **Hãy viết câu dùng thể「〜ています」.**

れい）わたし ／ 学校 ／ 日本語を　べんきょうします
Rê　　watash　　gakkō　　nihongo o benkyō-shimasu

→ わたしは　学校で　日本語を　べんきょうして　います。
Watashi wa gakkō de nihongo o benkyō-shite imasu.

① アリさん ／ コンビニ／ アルバイトを　します
Ari-san　　　　konbini　　　arubaito o shimasu
→
____

② 父 ／ にわ ／ やさいを　作ります
Chichi　niwa　　yasai o tsukurimasu
→
____

③ わたし ／ 中国の　パソコン／使います
Watashi　Chūgoku no pasokon　tsukaimasu
→
____

④ この　スーパー／ピザを　うります
Kono sūpā　　　　piza o urimasu
→
____

 Choose a word from ☐ **and enter it in** 「〜て」 **form.**
Hãy chọn từ trong ô rồi chuyển sang thể 「〜て」 và điền vào.

れい) この　会社は　おさけを　（つくって）　います。
Re　　Kono kaisha wa osake o　　　tsukutte　　imasu.

① わたしは、会社の近くに（　　　　　　　　　　　）います。
Watashi　wa, kaisha no chikaku ni　　　　　　　　　　imasu.

② さくらさんの 電話ばんごうを（　　　　　　　　）いますか。
Sakura-san no denwabangō　o　　　　　　　　　　imasu ka?

③ いもうとは、大学で　けいざいを（　　　　　　　）います。
Imōto wa, daigaku de kēzai o　　　　　　　　　　masu.

④ ときどき、アルバイトで　英語を（　　　　　　　）います。
Tokidoki, arubaito de ēgo o　　　　　　　　　　imasu.

つくります　　おしえます　　べんきょうします　　しります　　すみます
tsukurimasu　oshiemasu　　benkyō-shimasu　　shirimasu　sumimasu

 Turn this into a 「〜ています」 **form sentence.** ／ Hãy viết câu dùng thể 「〜ています」.

れい) A　休みの　日は　何を　して　いますか。（そうじ）
Re)　　Yasumi no hi wa nani o shite　imasu ka? (sōji)

　　B　そうじを　して　います。
　　　　Sōji o shite imasu.

① A　ひまな　とき、何を　して　いますか。（ゲーム）
　　Hima na toki, nani o shite　imasu ka? (gēmu)

　　B　　　　　　　　　　　　　　　　　　　　　　　　　　　。

② A　いつも　どんな　りょうりを　作って　いますか。（くにの　りょうり）
　　Itsumo don'na ryōri o tsukutte imasu ka? (kuni no ryōri)

　　B　　　　　　　　　　　　　　　　　　　　　　　　　　　。

③ A　会社に　何で　かよって　いますか。(車)

Kaisha ni nani de kayotte imasu ka.? (kuruma)

B ____ 。

6 **Look at the picture and write a** 「～て います」 **form sentence.**
Hãy xem tranh rồi viết câu dùng thể 「～て います」.

れい)
Rê)

電気が　ついています。
Denki ga tsuite imasu.

① 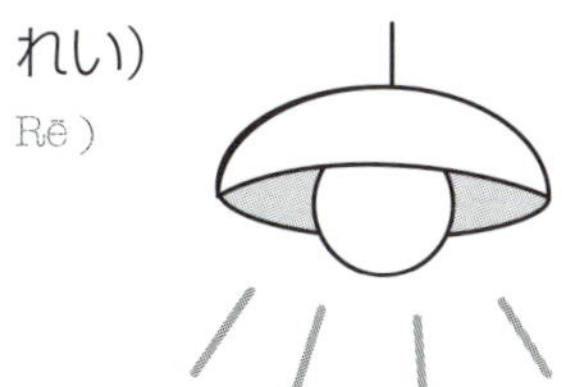

____

② 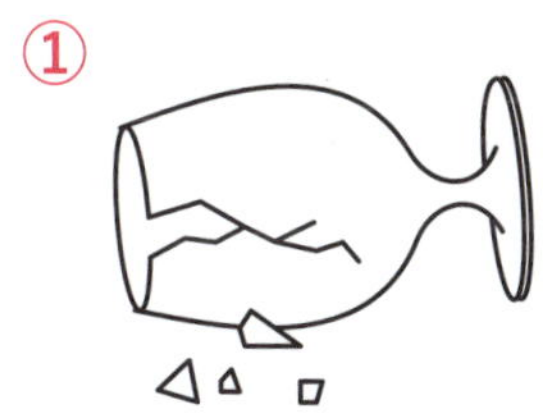

____

③ 

____

④ 

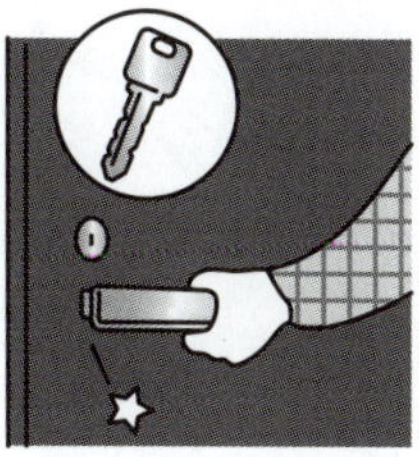

____

❶ マリア　すみませんが、駅までの　行き方を　教えて　ください。

　　B　　　駅から　大学行きの　バスが　出て　います。それに　乗って　ください。2番と　3番の　バスが　大学に　行きます。そして、「大学前」で　降りて　ください。

　　マリア　そうですか。わかりました。

Maria　　Sumimasen ga, eki made no iki kata o oshiete kudasai.

B　　　　Eki kara daigaku-iki no basu ga dete imasu. Sore ni notte kudasai. Ni-ban to san-ban no basu ga daigaku ni ikimasu. Soshite, "Daigaku mae" de orite kudasai.

Maria　　Sō desu ka. Wakarimashita.

❷ 〈メールで〉

　　さくら　今、どこに　いますか。

　　ワン　　大学の　カフェに　います。レポートを　書いて　います。

　　さくら　これから　みんなで　夕食を　食べに　行きます。一緒に　行きませんか。

　　ワン　　いいですね。

Sakura　　Ima, doko ni imasu ka?

Wan　　　Daigaku no kafe ni imasu. Repōto o kaite imasu.

Sakura　　Korekara minna de yūshoku o tabe ni ikimasu. Issho ni ikimasen ka?

Wan　　　Ī desu ne.

あたらしい ことば
New words and expressions

マンガ	manga	manga; comics	truyện tranh
へえ	hē	huh	thế à
しります	shirimasu	will know	biết
どこに	dokoni	where	ở đâu
すみます	sumimasu	will live	sống
けっこんします	kekkon-shimasu	will be married	cưới, kết hôn
～たい（対）～	～tai～	versus; against	đối, đấu
ブラジル	burajiru	Brazil	Brazil
かれ［彼］	kare	him	anh ấy
でんわばんごう	denwabangō	phone number	số điện thoại
こわれます	kowaremasu	will break	hỏng
こうこう	kōkō	high school	(trường) cấp ba
えいご	ēgo	English	tiếng Anh
デザイン	dezain	design	thiết kế
アパート	apāto	apartment	căn hộ
かよいます	kayoimasu	will travel to and from	qua lại, đi lại (để học, khám)
にんき	ninki	popular	được yêu thích
たくさん	takusan	many	nhiều
ならびます	narabimasu	will line up	xếp hàng
あきます［開］	akimasu	will open	mở cửa
しめます［閉］	shimemasu	will close	đóng cửa
けが	kega	injury	bị thương
しばらく	shibaraku	for a while	một lúc, một thời gian
きんじょ	kinjo	neighborhood	hàng xóm
～までの	～ made no	until ~	đến ~
おります	orimasu	get off	xuống (tàu, xe)
ゆうしょく	yūshoku	dinner; supper	bữa tối

■ **V ています（Habit / Repetition）**

Indicates a habit or something that is repeated some amount of times.

Example 1: いつも　ここを　はしっ<u>て　います</u>。 (I am always running around here.)

Example 2: ときどき　この　店で　アルバイトを　し<u>て　います</u>。 (I sometimes work part-time at this store.)

■ **V ています（State of a result）**

Indicates the state of a result after a certain action is completed.

Example 1: 朝から　電車が　止まっ<u>て　います</u>。 (The train has been stopped since morning.)

Example 2: 父は　まだ　ね<u>て　います</u>。 (Father is still sleeping.)

- -

■ **V ています（Thói quen - Lặp đi lặp lại）**

Thể hiện thói quen hay việc lặp đi lặp lại ở một mức độ nào đó.

Ví dụ 1: いつも　ここを　はしっ<u>て　います</u>。 (Tôi thường chạy ở đây.)

Ví dụ 2: ときどき　この　店で　アルバイトを　し<u>て　います</u>。 (Thỉnh thoảng tôi làm thêm ở cửa hàng này.)

■ **V ています（Tình trạng của kết quả）**

Thể hiện tình trạng kết quả sau khi một hành động nào đó hoàn thành.

Ví dụ 1: 朝から　電車が　止まっ<u>て　います</u>。 (Tàu dừng lại từ sáng.)

Ví dụ 2: 父は　まだ　ね<u>て　います</u>。 (Bố tôi vẫn còn đang ngủ.)

■ **V ています（習慣・くりかえし）**

習慣やある程度くり返されていることを表します。

れい1）いつも　ここを　はしっ<u>て　います</u>。

れい2）ときどき　この店で　アルバイトを　し<u>て　います</u>。

■ **V ています（結果の状態）**

ある動作が完了したあとの結果の状態を表します。

れい1）朝から　電車が　止まっ<u>て　います</u>。

れい2）父は　まだ　ね<u>て　います</u>。

きょうは おまつりが ありますから
Kyō wa o-matsuri ga arimasu kara

Because there is a festival today
Vì hôm nay có lễ hội

キーワード
Keywords

どうして〜か
Dōshite 〜 ka

〜て（Vて〜：原因）
〜te

〜から [cause, reason / nguyên nhân, lý do]
〜 kara

〜ながら
〜nagara

かいわ・1　Dialogue

A　土曜日は、どうして　アルバイトを　休みましたか。

B　ねつが　ありました**から**。

A　Doyōbi wa, dōshite arubaito o yasumimasita ka?

B　Netsu ga arimashita kara.

かいわ・2　Dialogue

アリ　　どうして　人が　たくさん　いますか。

さくら　きょうは　お祭りが　あります**から**。

アリ　　なるほど。

Ari　　Dōshite hito ga takusan imasu kara.

Sakura　Kyō wa o-matsuri ga arimasu kara.

Ari　　Naruhodo.

かいわ・3　Dialogue

ポール　どうして　パーティーに　行きませんか。

マリア　きょうは　すごく　つかれて　います**から**。

Pōru　Dōshite pāthī ni ikimasen ka?

Maria　Kyō wa sugoku tsukarete imasu kara.

かいわ・4　Dialogue

アリ　これから　カラオケに　行きませんか。

キム　きょうは　ちょっと……。友だちと　やくそくが　あります**から**。

Ari　Korekara karaoke ni ikimasen ka?

Kimu　Kyō wa chotto… Tomodachi to yakusoku ga arimasu kara.

マリア　わたしは　あまり　この　店が　すきじゃありません。

ポール　え？　どうしてですか。

マリア　てんいんが　しんせつじゃない　ですから。

Maria　Watashi wa amari kono mise ga suki ja arimasen.
Pōru　E? Dōshite desu ka?
Maria　Ten'in ga shinsetsu ja nai desu kara.

ワン　時間が　ありませんから、タクシーで　行きましょう。

キム　そうですね。

Wan　Jikan ga arimasen kara, takushī de ikimashō.
Kimu　Sō desu ne.

言ってみましょう　Say Try

① どうして　| にゅういんしました / ここに　います |　か。

Dōshite nyūin-shimashita / koko ni imasu ka?

② どうして　れんしゅうを　休みましたか。

Dōshite renshū o yasumimashita ka?

── | けがを　しました / かぜを　ひいて　います |　から。

Kega o shimashita / kaze o hīte imasu kara.

③ | さむいです / はじめてです / じゅうしょを　言います |　から、| まどを　しめて　ください / あまりじょうずじゃないです / メモして　ください |。

Samui desu / Hajimete desu / Jūsho o īmasu kara,
mado o shimete kudasai / amari jōzu ja naidesu / memo-shite kudasai.

Unit 4
きょうは　おまつりが　ありますから
Kyō wa o-matsuri ga arimasu kara

ステップアップ！ Step Up

1 〜て ［原因］
te　げんいん

❶
A　どうしましたか。
Dō shimashita ka?

B　さいふを　なくして、こまって　います。
Saifu o nakushite, komatte imasu.

❷
A　田中さんは？
Tanaka-san wa?

B　かぜを　ひいて、休んで　います。
Kaze o hīte, yasunde imasu.

2 〜ながら
nagara

❶ 駅まで　歩きながら、話しましょう。
Eki made aruki nagara, hanashimashō.

❷ かれは、働きながら、大学に　かよいました。
Kare wa hataraki nagara, daigaku ni kayoimashita.

❸ ときどき、おんがくを　聞きながら、べんきょうします。
Tokidoki ongaku o kiki nagara, benkyō. simasu.

3 〜で
de

❶ 5こで　300円ですか。安いですね。
Go-ko de sanbyaku-en desuka. Yasui desu ne.

❷ ぜんぶで　いくらですか。——800円です。
Zenbu de ikura desu ka?　　　Happyaku-en desu.

❸ 東京から　やく　1時間半で　名古屋に　着きました。
Tōkyō kara yaku ichi-jikan han de Nagoya ni tsukimashita.

1 **Choose a word from ☐ and enter it in 「〜から」 form.**
Hãy chọn từ trong ô rồi chuyển sang thể 「〜から」 và điền vào.

れい） あしたは（ テストが ありますから ）、べんきょうします。
Re） Ashita wa tesuto ga arimasu kara benkyō-shimasu

① （　　　　　　　　　　　　　　　　）、よく しあいを 見ます。
yoku shiai o mimasu.

② （　　　　　　　　　　　　　　　　）、わたしは 行きません。
watashi wa ikimasen.

③ （　　　　　　　　　　　　　　　　）、高い ものは 買いません。
takai mono wa kaimasen.

④ （　　　　　　　　　　　　　　　　）、れんしゅうは ありません。
renshū wa arimasen.

べんきょうします	サッカーが すきです	あめが ふっています
benkyō-shimasu	sakkā ga suki desu	ame ga futte imasu
おかねが ありません	いそがしいです	
o-kane ga arimasen	isogashī desu	

れい）学校を　休みます／ねつが　あります
Re）　gakkō o yasumimasu　netsu ga arimasu

→ どうして　学校を　休みますか。——ねつが　ありますから。
Dōshite gakkō o yasumimasu ka?　　Netsu ga arimasu kara.

① 英語を　べんきょうします／しごとで　使います
Ēgo o benkyō-shimasu　　shigoto de tsukaimasu

→ ____

— ____

② 田中さんが　すきです／やさしいです
Tanaka-san ga sukidesu　　yasashī desu

→ ____

— ____

③ うたを　うたいません／へたです
uta o utaimasen　　heta desu

→ ____

— ____

④ うちへ　帰ります／子どもが　びょうきです
uchi e kaerimasu　　kodomo ga byōki desu

→ ____

— ____

れい） 電車が 止まります ／ こまります
でんしゃ　　と

Rê)　　densha ga okuremasu　　komarimasu

　　→電車が　止まって、こまりました。
　　　でんしゃ　　　と
　　　Densha ga tomatte, komarimashita.

① ニュースを　見ます ／ 知ります
　　　　　　　み　　　　　　し
nyūsu o mimasu　　　　　shirimasu

　　→　　　　　　　　　　　　　　　　　　　　　　　　　　　　。

② この　本を　読みます ／ よく　わかります
　　　　ほん　　よ
kono hon o yomimasu　　　yoku wakarimasu

　　→　　　　　　　　　　　　　　　　　　　　　　　　　　　　。

③ ねつが　出ます ／ しごとを　休みます
　　　　　て　　　　　　　　　　やす
netsu ga demasu　　　shigoto o yasumimasu

　　→　　　　　　　　　　　　　　　　　　　　　　　　　　　　。

④ 足を　けがします ／ たいへんです
　あし
ashi o kegashimasu　　　taihen desu

　　→　　　　　　　　　　　　　　　　　　　　　　　　　　　　。

れい)
Re)

テレビを見ながら、りょうりをしています。
Terebi o minagara, ryōri o shite imasu.

① 

② 

③ 

④ 

5 **Choose a word from ▢ and enter it in 「〜て」 form.**
Hãy chọn từ trong ô rồi chuyển sang thể 「〜て」 và điền vào.

れい）　たくさん（　あるいて　）、つかれました。
Rẽ）　Takusan　　　aruite　　　　tsukaremashita.

① 足を（　　　　　　　　　　　　　）、れんしゅうを　休みました。
Ashi o　　　　　　　　　　　　　　　renshū o yasumimashita.

② ねだんを（　　　　　　　　　　　）、びっくりしました。
Nedan o　　　　　　　　　　　　　　bikkuri-shimashita.

③ （　　　　　　　　　　）、二人で　すんでいます。
　　　　　　　　　　　　　futari de sunde imasu.

④ その　話を（　　　　　　　　　　）、思い出しました。
Sono hanashi o　　　　　　　　　　　omoidashimashita.

はしります	聞きます	けがします	見ます	けっこんします
hashirimasu	kikimasu	kega-shimasu	mimasu	kekkon-shimasu

6 **Choose a word from ▢ and enter it in 「〜て」 form.**
Hãy chọn từ trong ô rồi chuyển sang thể 「〜で」 và điền vào.

れい）　この　ホテルは　（　1ぱく2日で　）　1万円です。
Rẽ）　Kono hoteru wa　　　　ippaku-futsuka de　ichiman-en desu.

① こちらは、1つ700円、（　　　　　　　）千円です。
Kochira wa, hitotsu nanahyaku-en,　　　　　　sen-en desu.

② （　　　　　　　　　）おわりますから、ちょっと　まって　ください。
　　　　　　　　　　　　owarimasu kara, chotto matte kudasai.

③ ここに　5こ、あっちに　5こ、（　　　　　　　）10こ　あります。
koko ni go-ko, acchi ni go-ko,　　　　　　　　　jukko arimasu.

~~1ぱく2日~~	ぜんぶ	2つ	5分
ippaku-futsuka	zenbu	futatsu	go-fun

❶

アリ	1日だけの　アルバイトは　ありませんか。
B	ありますよ。・・・こちらの　ファイルです。
アリ	いろいろ　ありますね。

Ari	Ichi nichi dake no arubaito wa arimasen ka?
B	Arimasu yo. …Kochira no fairu desu.
Ari	Iroiro arimasu ne.

❷

ポール	けさは　電車が　止まって、たいへんでした。
たなか	そうでしたか。だいぶ　待ちましたか。
ポール	いえ。5分くらいです。天気も　よかったですから、歩きました。
たなか	学校まで？
ポール	そうです。でも、1時間くらいです。
たなか	おつかれさまでした。

Pōru	Kesa wa densha ga tomatte, taihen deshita.
Tanaka	Sō deshita ka. Daibu machimashita ka?
Pōru	Ie. Go-fun kurai desu. Tenki mo yokatta desu kara, arukimashita.
Tanaka	Gakkō made?
Pōru	Sō desu. Demo, ichi-jikan kurai desu.
Tanaka	Otsukaresama deshita.

あたらしいことば
New words and expressions

どうして	dōshite	why	tại sao
ねつ	netsu	fever	sốt
なるほど	naruhodo	I see	ra là thế
つかれます	tsukaremasu	will be tired	mệt
やくそく	yakusoku	promise	lời hứa, hẹn
てんいん	ten'in	store employee	nhân viên cửa hàng
しんせつ（な）	shinsetsu (na)	kind	tốt bụng, tử tế
にゅういんします	nyūin-shimasu	will be hospitalized	nhập viện
メモします	memo-shimasu	will make a memo	ghi chép lại
さいふ	saifu	purse; wallet	ví
なくします	nakushimasu	will lose	làm mất
こまります	komarimasu	will be troubled	gay go, không biết làm sao
かぜ	kaze	cold; flu	cảm
ひきます	hikimasu	will pull; will catch	bị (cảm)
ぜんぶで	zenbu de	in total	toàn bộ
やく	yaku	approximately	khoảng
名古屋 なごや	nagoya	Nagoya	Nagoya
一日 いちにち	ichinichi	one day	một ngày
～だけ	～dake	only ～	chỉ ～
ファイル	fairu	file	tập tài liệu
たいへん（な）	taihen (na)	serious	gay go, vất vả
だいぶ	daibu	quite; rather	khá
てんき	tenki	weather	thời tiết
おつかれさまでした	otsukaresama deshita	good work; you must be tired	bạn (anh, em) vất vả quá.

■ **～て**

Connects a cause or reason (before) to its result (after).

Example 1: かぜを　ひい<u>て</u>、学校を　休みました。(I got a cold, and so I took off from school.)

Example 2: 日本で　友だちに　会っ<u>て</u>、びっくりしました。(I met my friends in Japan, and I was surprised.)

■ **～ながら**

Indicates that two actions or activities take place at the same time.

Example 1: 母は、そうじを　し<u>ながら</u>、よく　歌って　います。(My mother often sings while cleaning.)

Example 2: 歩き<u>ながら</u>　食べないで　ください。(Please do not eat while walking.)

■ **～て**

Nguyên nhân - Lý do (vế trước) và theo sau là kết quả của nguyên nhân, lý do đó (vế sau)

Ví dụ 1: かぜを　ひい<u>て</u>、学校を　休みました。(Tôi bị ốm nên nghỉ học.)

Ví dụ 2: 日本で　友だちに　会っ<u>て</u>、びっくりしました。(Tôi gặp bạn ở Nhật nên rất ngạc nhiên.)

■ **～ながら**

Thể hiện tình trạng thực hiện đồng thời hai động tác hay hành động.

Ví dụ 1: 母は、そうじを　し<u>ながら</u>、よく　歌って　います。(Mẹ tôi vừa lau nhà vừa hát.)

Ví dụ 2: 歩き<u>ながら</u>　食べないで　ください。(Đừng vừa đi vừa ăn.)

■ **～て**

原因・理由（前）と、それによる結果（後）をつなぎます。

れい1）かぜを　ひい<u>て</u>、学校を　休みました。

れい2）日本で　友だちに　会っ<u>て</u>、びっくりしました。

■ **～ながら**

二つの動作や行動を同時にする様子を表します。

れい1）母は、そうじを　し<u>ながら</u>、よく　歌って　います。

れい2）歩き<u>ながら</u>　食べないで　ください。

Unit 5

あたたかい ものが 食べたいです

Atatakai mono ga tabetai desu

I would like to eat something warm.
Mình muốn ăn đồ ấm ấm.

キーワード
Keywords

〜たいです	〜ましょうか
〜 taidesu	〜 mashōka
〜じゅう [space]	〜じゅう [time]
〜 jū	〜 jū

かいわ・1
Dialogue

ポール　何が　食べたいですか。

マリア　そうですね。さむいですから、あたたかい　ものが　食べたいです。

ポール　じゃ、うどんは　どうですか。

マリア　いいですね。そう　しましょう。

Pōru	Nani ga tabetai desu ka?
Maria	Sō desu ne. Samui desu kara, atatakai mono ga tabetai desu.
Pōru	Ja, udon wa dō desu ka?
Maria	Ī desu ne. Sō shimashō.

かいわ・2
Dialogue

A　来週、国に　帰りますか。

B　はい、そうです。でも、まだ　帰りたくないです。

A	Raishū, kuni ni kaerimasu ka?
B	Hai, sō desu. Demo, mada kaeritakunai desu.

かいわ・3
Dialogue

A　あついですね。エアコンを　つけましょうか。

B　そうですね。

A	Atsui desu ne. Eakon o tsukemashō ka?
B	Sō desu ne.

かいわ・3
Dialogue

ポール　せかいじゅうを　りょこうしたいです。

マリア　わたしもです。

Pōru	Sekai jū o ryokō-shitai desu.
Maria	Watashi mo desu.

❶
新しい くつを 買いたい
あたら　　　　　　　か
トイレに 行きたい
い
です。

Atarashī kutsu o kaitai / Toire ni ikitai desu,

❷
じしょを かし
むかえに 行き
い
ましょうか。

Jisho o kashi / Mukae ni ikimashō ka?

❸
体じゅう
からだ
町じゅうの 電気
まち　　　　　　てん　き
が
いたいです
きえました
。

Karada jū / Machi jū no denki ga itai desu / kiemashita.

ステップアップ！ Step Up

1 〜に します
　　ni　simasu

❶ 何に　します か。——わたしは　コーヒーに　します。
　なに
　　Nani ni shimasu ka?　　Watashi wa kōhī ni shimasu.

❷ どれに　しますか。—— わたしは、この　Ｂセットに　します。
　　Dore ni shimasu ka?　　Watashi wa, kono B setto ni shimasu.

2 いいです
　　ī　desu

❶ いろは、くろで　いいですか。——はい。
　　Iro wa, kuro de ī desu ka?　　Hai.

❷ へんじは、あしたで　いいですか。——ええ、もちろんです。
　　Henji wa, ashita de ī desu ka?　　Ē, mochiron desu.

❸ いつが　いいですか。——わたしは　木曜日が　いいです。
　　　　　　　　　　　　　　　　　　もくようび
　　Itsu ga ī desu ka?　　Watashi wa mokuyōbi ga ī desu.

3 けっこうです
kekkō desu

❶ 24 センチで よろしいですか。 ——はい、けっこうです。
Nijūyon-senchi de yoroshī desu ka?　　　　Hai, kekkō desu.

❷ カードでも いいですか。——はい、けっこうです。
Kādo demo ī desu ka?　　　　Hai, kekkō desu.

4 〜だけ
dake

❶ いろは 白だけですか。——いいえ。赤と 青も あります。
Iro wa shiro dake desu ka?　　Īe. Aka to ao mo arimasu.

❷ ぜんぶ 書きますか。——いいえ、名前と 電話ばんごうだけで いいです。
Zenbu kakimasu ka?　　Īe, namae to denwabangō dake de ī desu.

5 〜じゅう［じかん］
jū

❶ この 店は 一年じゅう 開いて います。
Kono mise wa ichinenjū aite imasu.

❷ きのうは 一日じゅう、家に いました。
Kinō wa ichinichijū, ie ni imashita.

1 A、Bの 文を 言って ください / 書いて ください。 A, B no bun o itte kudasai / kaite kudasai.

れい） にもつを　もちます　（はい）（いいえ）
Re） Nimotsu o mochimasu　　Hai　　Īe

→A にもつをもちましょうか。
Nimotsu o mochimashō ka.

B はい、おねがいします。
Hai, onegai-shimasu.

いいえ、だいじょうぶです（/けっこうです）。ありがとうございます。
Īe, daijōbu desu (/kekkō desu). Arigatō gozaimasu.

① まどを　あけます　（はい）
mado o akemasu　　Hai

→ A

B

② えきまで　おくります　（いいえ）
eki made okurimasu　　Īe

→ A

B

③ あしたの　アルバイトを　かわります　（いいえ）
ashita no arubaito o kawarimasu　　Īe

→ A

B

④ テーブルを　ふきます　（はい）
tēburu o fukimasu　　Hai

→ A

B

絵を 見て、文を 書いて ください。　E o mite, bun o kaite kudasai.

れい1）
Rē 1)

ふじさんに　のぼりたいです。
Fujisan ni noboritai desu.

れい2）
Rē 2)

カレーを　食べたくないです。
Karē o tabetakunai desu.

① 

② 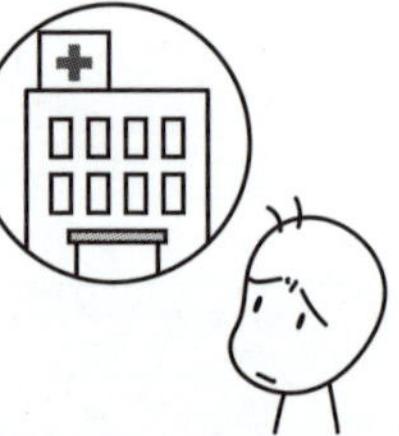

③ 

④ 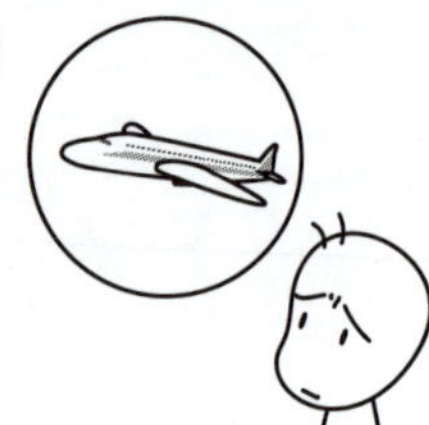

れい）何／買いますか（パン）
Re)　nani　kaimasu ka　　pan

→何を　買いたいですか。── パンを　買いたいです。
Nani o kaitai desu ka?　　　　Pan o kaitai desu.

① いつ／読みますか（ひるやすみ）
itsu　　yomimasu ka　hiruyasumi

→

──

② だれ／会いますか（さくらさん）
dare　　aimasu ka　　　Sakura-san

→

──

③ どこ／行きますか（きょうと）
doko　　ikimasu ka　　kyōto

→

──

④ 何／食べますか（何も）
Nani　tabamasu ka　　nani mo

→

──

 しつもんと こたえの 文を 書いて ください。 Shitsumon to kotae no bun o kaite kudasai.

れい) 飲みもの ／ 何 —— こうちゃ
Rē)　nomimono　nani　kōcha

→飲みものは　何に　しますか。—— こうちゃに　します。
nomimono wa nani ni shimasu ka?　　　Kōcha ni shimasu.

① 飲み会の　店 ／ どこ ——「いざかや　さくら」
nomikai no mise　doko　　"Izakaya Sakura"

→＿＿＿＿＿＿＿＿＿＿＿＿＿＿＿＿＿＿＿＿＿＿＿＿＿＿＿。

—— ＿＿＿＿＿＿＿＿＿＿＿＿＿＿＿＿＿＿＿＿＿＿＿＿＿＿＿＿＿。

② ケーキ ／ どれ ——チョコレートケーキ
kēki　　dore　　chokorēto kēki

→＿＿＿＿＿＿＿＿＿＿＿＿＿＿＿＿＿＿＿＿＿＿＿＿＿＿＿。

—— ＿＿＿＿＿＿＿＿＿＿＿＿＿＿＿＿＿＿＿＿＿＿＿＿＿＿＿＿＿。

③ えいが ／ いつ ——こんしゅうの　日曜日
ēga　　itsu　　konshū no nichiyōbi

→＿＿＿＿＿＿＿＿＿＿＿＿＿＿＿＿＿＿＿＿＿＿＿＿＿＿＿。

—— ＿＿＿＿＿＿＿＿＿＿＿＿＿＿＿＿＿＿＿＿＿＿＿＿＿＿＿＿＿。

5 □から ことばを えらんで 入れて ください。　□ kara kotoba o erande irete kudasai.

れい）（　どれ　）が　いいですか。——その　赤いのが　いいです。
Rē）　　Dore　ga ī desu ka?　　　　Sono akai no ga ī desu.

① 飲み物は（　　　　　　　）で　いいですか。——はい。
Nomimono wa　　　　　　de ī desu ka?　　Hai.

②（　　　　　　　）が　いいですか。——今週の　日曜日が　いいです。
　　　ga ī desu ka?　　　　Konshū no nichiyōbi ga ī desu.

③ M でいいですか。——いえ、（　　　　　　　）で　おねがいします。
Emu de ī desu ka?　　Ie,　　　　　　　de onegai-shimasu.

どれ	M	いつ	L	コーヒー
dore	emu	itsu	eru	kōhī

6 □から ことばを えらんで 入れて ください。　□ kara kotoba o erande irete kudasai.

れい）　きょうは、（　まち　）じゅうが　おまつりです。
Rē）　Kyō wa,　　machi　jū ga o-matsuri desu.

① 京都は、（　　　　　　）じゅうから　いろいろな　国の　人が　来ます。
Kyōto wa,　　　　jū kara iroiro na kuni no hito ga kimasu.

②（　　　　　　）じゅうの　人が　この　ニュースに　おどろきました。
　　　jū no hito ga kono nyūsu ni odorokimashita.

③（　　　　　　）じゅうの　生徒が　そのことを　知っています。
　　　jū no sēto ga sono koto o shitte imasu.

④ 友だちが　とまりに　来ますから、（　　　　　　）じゅうを　そうじします。
Tomodachi ga tomari ni kimasu kara,　　　　jū o sōji-shimasu.

家	学校	まち	日本	せかい
ie	gakkō	machi	nihon	sekai

16

❶

田中 (たなか)	グエンさんは　日本に　来てから　国に　帰りましたか。
グエン	いいえ、まだ　一度も　帰って　いません。
田中 (たなか)	いつ　帰りますか。
グエン	来年の　1月に　帰ります。
田中 (たなか)	そうですか。早く　かぞくに　会いたいですね。
グエン	ええ。

Tanaka	Guen-san wa nihon ni kite kara kuni ni kaerimashita ka?
Guen	Īe, mada ichido mo kaette imasen.
Tanaka	Itsu kaerimasu ka?
Guen	Rainen no ichi-gatsu ni kaerimasu.
Tanaka	Sō desu ka. Hayaku kazoku ni aitai desu ne.
Guen	Ē.

❷

ポール	にもつ、持ちましょうか。
グエン	あ、だいじょうぶですよ。
ポール	おもいですよ。持ちます、持ちます。
グエン	ありがとう。

Pōru	Nimotsu, mochimashō ka?
Guen	A, daijōbu desu yo.
Pōru	Omoi desu yo. Mochimasu, mochimasu.
Guen	Arigatō.

あたらしい ことば
New words and expressions

うどん	udon	udon	món mì Udon
むかえます	mukaemasu	will go to meet	đón
でんき	denki	lights; electricity	điện
きえます	kiemasu	will disappear	(điện) tắt
へんじ	henji	reply	trả lời
いい	ī	okay; no problem	được, tốt
Bセット	bī setto	B set	suất B
もちろん	mochiron	of course	tất nhiên
センチ（メートル）	senchi (mētoru)	centimeter	cm
カード	kādo	card	thẻ
はやく	hayaku	quickly	nhanh
もちます	mochimasu	will carry	cầm, mang

■ V たいです／ V たくないです

Indicates the speaker's desire. 「～が」 often comes after the subject. Takes the form 「V ~~ます~~＋たいです / たくないです」.

※ 「たくないです」 can also be said 「たくありません」.

　　Example 1: アルバイトが　たいへんで、やめ<u>たいです</u>。
　　　　　　　(My part time job is so hard, I want to quit.)

　　Example 2: 雨が　ふっていますから、きょうは　行き<u>たくないです</u>。
　　　　　あめ
　　　　　　　(It is raining, so I do not want to go today.)

■ V たいです／ V たくないです

Thể hiện nguyện vọng của người nói. Sau chủ ngữ thường là trợ từ 「～が」. Dùng với cách chia 「V ~~ます~~＋たいです / たくないです」.

※ 「たくないです」 can also be said 「たくありません」.

　　Ví dụ 1: アルバイトが　たいへんで、やめ<u>たいです</u>。
　　　　　　(Việc làm thêm vất vả quá nên em muốn nghỉ.)

　　Ví dụ 2: 雨が　ふっていますから、きょうは　行き<u>たくないです</u>。
　　　　　あめ
　　　　　（Vì mưa rơi nên hôm nay tôi không muốn đi.)

■ V たいです／ V たくないです

話し手の願望を表します。主語のあとは「～が」になることが多いです。「V ~~ます~~＋たいです / たくないです」の形になります。

※ 「たくないです」 は 「たくありません」 とも言います。

れい1）アルバイトが　たいへんで、やめ<u>たいです</u>。

れい2）雨が　ふっていますから、きょうは　行き<u>たくないです</u>。

Unit 6

かんじが むずかしくて たいへんです

kanji ga muzukashikute, taihen desu

Kanji is difficult and I am having a hard time

Chữ Hán khó nên vất vả lắm

A くて	NA で	N で
A kute	Na de	N de
A くなる	NA になる	N になる
A ku naru	NA ni naru	N ni naru

17

🗨 かいわ・1
Dialogue

たなか　日本語はどうですか。むずかしいですか。

ポール　はい。かんじが　むずかしくて、たいへんです。

Tanaka　Nihongo wa dō desu ka? Muzukashī desu ka?

Pōru　Hai, kanji ga muzukashikute, taihen desu.

🗨 かいわ・2
Dialogue

たなか　アルバイトの　しごとは　もう　おぼえましたか。

ポール　はい。しごとは　かんたんで、すぐに　おぼえました。

　　　　でも、ちょっと　たいへんです。

Tanaka　Arubaito no shigoto wa mō oboemashita ka?

Pōru　Hai. Shigoto wa kantan de, sugu ni oboeraremashita.

　　　Demo, chotto taihen desu.

🗨 かいわ・3
Dialogue

ポール　どの　お店に　しますか。

マリア　そうですね……。あ、ここは　駅に　近くて　便利ですよ。

Pōru　Dono o-mise ni shimasu ka?

Maria　Sō desu ne…. A, koko wa eki ni chikakute benri desu yo.

🗨 かいわ・4
Dialogue

ワン　　どうして　行きたくないですか。

キム　　人が　多くて　疲れますから。

Wan　Dōshite ikitakunai desu ka?

Kimu　Hito ga ōkute tsukaremasu kara.

マイカ　カルロスさんは、どの　人ですか。
あおき　あの、背が　高くて、髪が　黒い　人です。

Maika　Karurosu-san wa, dono hito desu ka?
Aoki　Ano, se ga takakute, kami ga kuroi hito desu.

ワン　奈良は　どんな　街ですか。
さくら　静かで　きれいな　町です。

Wan　Nara wa donna machi desu ka?
Sakura　Shizuka de kirē na machi desu.

かいわ・7
Dialogue

あおき　あの人は　誰ですか。
さくら　アリさんです。インドネシア人で、しぶや大学の　留学生です。

Aoki　Ano hito wa dare desu ka?
Sakura　Ari-san desu. Indoneshia-jin de, Shibuya daigaku no ryūgakusē desu.

❶ これは ｜ やすくて / かるくて ｜ いいです。

Kore wa yasukute / karukute ī desu.

❷ ｜ ホテル / 先生（せんせい） ｜ が ｜ きれい / しんせつ ｜ で よかったです。

Hoteru / Sensē ga kirē / shinsetsu de yokatta desu.

❸ ｜ きれいな ホテル / しんせつな 先生（せんせい） ｜ で よかったです。

Kirē na hoteru / Shinsetsu na sensē de yokatta desu.

❹ ｜ これ / ここ ｜ は ｜ かるくて / ちかくて ｜ ｜ じょうぶ / べんり ｜ です。

Kore / Koko wa karukute / chikakute jōbu / benri desu.

ステップアップ！ Step Up

1 Aく なる
ku naru

❶ だいぶ さむく なりましたね。——ええ。もう 冬（ふゆ）ですね。

Daibu samuku narimashita ne.--Ē. Mō fuyu desu ne.

❷ この えいがかんは、毎月（まいつき） 1日（ついたち）、えいがが 安（やす）く なりますよ。

Kono ēgakan wa, maitsuki tsuitachi, ēga ga yasuku narimasu yo.

——へえ、いいですね。

Hē, ī desu ne.

2 NA に なる
ni naru

❶ かぜは よく なりましたか。——はい。もう げんきに なりました。

Kaze wa yoku narimashita ka? --Hai. Mō genki ni narimashita.

❷ ちかてつの 駅が できて、べんりに なりましたね。——ええ、とても。

Chikatetsu no eki ga dekite, benri ni narimashita ne　　　　Ē, totemo.

3 N に なる
ni naru

❶ かのじょは そつぎょうして、高校の 先生に なりました。

Kanojo wa sotugyō-shite, kōkō no sensē ni narimashita.

❷ がんばって 1ばんに なりたいです。

Ganbatte ichi-ban ni naritai desu.

❸ 4月に なって、少し あたたかく なりましたね。——そうですね。

Shi-gatsu ni natte, sukoshi atatakaku narimashita ne.　　　　Sō desu ne.

4 ～とき
toki

❶ りょこうに 行く とき、いつも この かばんを 持って いきます。

Ryokō ni iku toki, itsumo kono kaban o motte ikimasu.

❷ しょくじの ときに、スマホを 見ないで ください。

Shokuji no toki ni, sumaho o minaide kudasai.

1 じしょ形 (dictionary form / dạng ngắn) を 書いて ください。　Jisho-kē (dictionary form / dạng ngắn) o kaite kudasai.

書きます kakimasu	れい) 書く Re) kaku	来ます kimasu	
着ます kimasu		食べます tabemasu	
かいます kaimasu		よみます yomimasu	
見ます mimasu		けっこんします kekkon-shimasu	
あそびます asobimasu		ねます nemasu	

2 文を 書いて ください。　Bun o kaite kudasai.

れい1) この　かばん ／ 大きい　→　べんり
Re 1)　Kono kaban　ōkī　benri

→ この　かばんは　大きくて、べんりです。
Kono kaban wa ōkikute, benri desu.

れい2) まちの　おまつり ／ にぎやか　→　たのしい
Re 2)　Machi no o-matsuri　nigiyaka　tanoshī

→ まちの　おまつりは　にぎやかで、たのしいです。
Machi no o-matsuri wa nigiyaka de, tanoshī desu.

れい3) けさの　じこ　→　電車が　止まります
Re 3)　Kesa no jiko　densha ga tomarimasu

→ けさの　じこで、電車が　止まりました。
Kesa no jiko de, densha ga tomarimashita.

① あの　店の　ケーキ　／　おいしい　→　好き
Ano mise no kēki　　　　oishī　　　　suki

→ _______________________________________

② しんぶん　／　漢字が　おおい　→　むずかしい
Shinbun　　　kanji ga ōi　　　　muzukashī

→ _______________________________________

③ きのうの　アルバイト　／　たいへん　→　つかれます
Kinō no arubaito　　　　taihen　　　　tsukaremasu

→ _______________________________________

④ この　スマホの　つかい　かた　／　かんたん　→　いい
Kono sumaho no tsukai kata　　　　kantan　　　ī

→ _______________________________________

⑤ きょねんの　じしん　→　ふるい　たてものが　こわれます
Kyonen no jishin　　　　furui tatemono ga kowaremasu

→ _______________________________________

⑥ きれいな　へや　→　うれしい
Kirē na heya　　　ureshī

→ _______________________________________

3 **Choose a word from** ☐ **and enter it in** 「〜て」「〜で」 **form.**
Hãy chọn từ rồi chuyển sang thể 「〜て」「〜で」 **và điền vào.**

れい）　この　カフェは、（ やすくて ）　おいしいです。
Rê) 　Kono kafe wa, 　　　yasukute 　　oishī desu.

① さくらさんは（　　　　　　　）、しんせつな　人です。
Sakura-san wa 　　　　　　　　　sinsetsu na hito desu

② あの　こうえんは（　　　　　　）、しずかです。
Ano kōen wa 　　　　　　　　　　shizuka desu.

③ この　まちは（　　　　　　　）、べんりです。
Kono machi wa 　　　　　　　　benri desu.

④ わたしの　むすこは（　　　　　　）、大学生です。
Watashi no musuko wa 　　　　　　　daigakusē desu.

いい	ひろい	~~やすい~~	にぎやか	はたち	おんなのひと
ī	hiroi	yasui	nigiyaka	hatachi	onnano hito

4 文を　書いて　ください。 Bun o kaite kudasai.

れい1）せんしゅう ／ さむい　→　せんしゅう、さむく　なりました。
Rê 1) 　senshū 　　　samui 　　　　Senshū, samuku narimashita.

れい2）りょうり ／ じょうず　→　りょうりが　じょうずに　なりました。
Rê 2) 　ryōri 　　　jōzu 　　　　　Ryōri ga jōzu ni narimashita.

れい3）あに ／ 30さい　→　あには　30さいに　なりました。
Rê 3) 　ani 　　sanjussai 　　　Ani wa sanjussai ni narimashita.

① しごと ／ いそがしい→
shigoto 　　isogashī 　　_______________________________

② チーム ／ つよい　→
chīmu 　　　tsuyoi 　　　_______________________________

③ シャツ ／ きれい　→
shatsu 　　　kirē 　　　_______________________________

④ 山本さん ／ 社長　　→ _______________________________
やまもと　　　しゃちょう
Yamamoto-san shachō

5 **Choose a word from ☐ and enter it in an appropriate form.**
Hãy chọn từ rồi chuyển sang thể thích hợp rồi điền vào.

れい）　学校に　（行く）　とき、いつも　バスに　のります。
がっこう　　い
Re）　　Gakkō ni　iku　　　toki, itsumo basu ni norimasu.

① （　　　　　　　　）とき、いつも　スマホで　作りかたを　しらべます。
つく
toki, itsumo sumaho de tsukuri kata o shirabemasu.

② えいごを　（　　　　　　　）とき、いつも　おんがくを　聞きます。
き
Ēgo o　　　　　　　　toki　itsumo ongaku o kikimasu.

③ （　　　　　　）とき、しあいは　ありません。
toki, shiai wa arimasen.

④ 本を　（　　　　　　　）とき、めがねを　かけます。
ほん
Hon o　　　　　　　toki, megage o kakemasu.

りょうりを　します　　　　あめです　　　　　　よみます
ryōri o shimasu　　　　　ame desu　　　　　　yomimasu

いきます　　　　　　　　　べんきょうします
ikimasu　　　　　　　　　benkyō-shimasu

A 日本語が じょうずに なりましたね。

B いえいえ。まだまだです。

A じゅぎょうは どうですか。

B 新しい クラスに なって、少し むずかしく なりました。
でも、おもしろいです。

A そうですか。それは よかったです。

A Nihongo ga jōzu ni narimashita ne.
B Ieie. Madamada desu.
A Jugyō wa dō desu ka?
B Atarashī kurasu ni natte, sukoshi muzukashiku narimashita.
Demo, omoshiroi desu.
A Sō desu ka. Sore wa yokatta desu.

あたらしいことば
New words and expressions

かんじ [漢字]	kanji	kanji	chữ Hán
すぐに	sugu ni	at once	ngay, ngay lập tức
おぼえます	oboemasu	will remember	nhớ
でも	demo	but	nhưng
おおい	ōi	many	nhiều
せが たかい	se ga takai	tall	cao
かみ [髪]	kami	hair	tóc
奈良（なら）	nara	Nara	Nara
どんな	donna	which	thế nào, như thế nào
まち	machi	town	phố, thành phố
インドネシア	indoneshia	Indonesia	Indonesia
りゅうがくせい	ryūgakusē	study abroad	du học sinh
じょうぶ（な）	jōbu (na)	sturdy; fit	bền
ふゆ	fuyu	winter	mùa đông
げんき（な）	genki (na)	energetic	mạnh khỏe
かのじょ	kanojo	her; girlfriend	cô ấy
そつぎょうします	sotsugyō-shimasu	will graduate	tốt nghiệp
がんばります	ganbarimasu	will do my best	cố gắng
1ばん（いちばん）	ichiban	number 1	thứ nhất
シャワー	shawā	shower	vòi sen
あびます	abimasu	will take; will shower	tắm (vòi sen)
かならず	kanarazu	no matter what	nhất định
じぶん	jibun	self	tự, tự mình
まだまだ	madamada	much more; not yet	vẫn chưa

ふくしゅうノート

Review Notes   Sổ tay ôn tập

■ A くて／NA で（Cause / Reason）

Lightly indicates a cause or reason, then describes the result.

Example 1: この　はこは　小さく<u>て</u>　だめです。(This box is small and no good.)

Example 2: へやが　しずか<u>で</u>　よかったです。(The room was quiet and good.)

■ ～とき（Dictionary form ＋とき）

Indicates a case in which something happens.

Example 1: うちを　出る<u>とき</u>、電気を　かならず　消して　ください。
(When you leave the house, please be sure to turn off the lights.)

Example 2: パソコンを　使う<u>とき</u>、めがねを　かけます。
(When I use the computer, I wear glasses.)

■ A くて／NA で（Nguyên nhân - Lý do）

Thể hiện qua nguyên nhân và lý do rồi sau đó nói đến kết quả.

Ví dụ 1: この　はこは　小さく<u>て</u>　だめです。(Cái hộp này nhỏ nên không được.)

Ví dụ 2: へやが　しずか<u>で</u>　よかったです。(Phòng này yên tĩnh tốt đấy.)

■ ～とき（Thể từ điển ＋とき）

Thể hiện trường hợp một sự việc gì đó diễn ra.

Ví dụ 1: うちを　出る<u>とき</u>、電気を　かならず　消して　ください。
(Khi ra khỏi nhà nhất định phải tắt đèn đi nhé.)

Ví dụ 2: パソコンを　使う<u>とき</u>、めがねを　かけます。
(Khi dùng máy vi tính tôi đeo kính.)

■ A くて／NA で（原因・理由）

原因や理由を軽く示して、結果を述べます。

れい1）この　はこは　小さく<u>て</u>　だめです。

れい2）へやが　しずか<u>で</u>　よかったです。

■ ～とき（じしょ形＋とき）

ある事柄が行われる場合を表します。

れい1）うちを　出る<u>とき</u>、電気を　かならず　消して　ください。

れい2）パソコンを　使う<u>とき</u>、めがねを　かけます。

Unit 7

すしと てんぷら、どっちが いいですか
Sushi to tenpura, docchi ga ī desu ka?

Which do you prefer, sushi or tempura?
Cậu thích Sushi hay Tempura hơn?

🔑 **キーワード**
Keywords

～より	どっち / どちらが ～ですか	
～yori	docchi / dochira ga ～ desu ka?	
～で いちばん	～の ほうが	～と 言います
～de ichiban	～no hō ga	～to īmasu

89

ポール	すみません、宿題を　忘れました。
たなか	宿題は　アルバイト**より**　大切です。次は　忘れないで　ください。
ポール	はい。

Pōru	Sumimasen, shukudai o wasuremashita.
Tanaka	Shukudai wa arubaito yori taisetsu desu. Tsugi wa wasurenaide kudasai.
Pōru	Hai.

かいわ・2
Dialogue

B	アリさんは　この町が　好きですか。
アリ	はい、好きです。わたしは　東京**より**　好きです。
B	どうしてですか。
アリ	きれいな　海と　山が　近くに　あるからです。

B	Ari-san wa kono machi ga suki desu ka?
Ari	Hai, suki desu. Watashi wa Tōkyō yori suki desu.
B	Dōshite desu ka?
Ari	Kirē na umi to yama ga chikaku ni aru kara desu.

かいわ・3
Dialogue

ポール	夕飯を　食べに　行きましょう。すしと　天ぷら、**どっちが　いいですか。**
マリア	わたしは　天ぷら**が　いいです。でも、どっちでも　いいです**よ。

Pōru	Yūhan o tabe ni ikimashō. Sushi to tenpura, docchi ga ī desu ka?
Maria	Watashi wa tenpura ga ī desu. Demo, docchi demo ī desu yo.

かいわ・4
Dialogue　〈初めての場所 In a place for the first time　／　Nơi lần đầu đến〉

A	ロンドンと　東京と　台北**で　いちばん**　暑いのは　どこですか。
B	台北です。台北は　とても　暑いです。

A	Rondon to Tōkyō to Taipē de, ichiban atsui no wa doko desu ka?
B	Taipē desu. Taipē wa totemo atsui desu.

かいわ・5
Dialogue

グエン　コーヒーと　紅茶、どちらが　好きですか。

ポール　コーヒーの　ほうが　好きです。毎朝　コーヒーを　飲みます。

Guen　　Kōhī to kōcha, dochira ga suki desu ka?

Pōru　　Kōhī no hō ga suki desu. Maiasa kōhī o nomimasu.

かいわ・6
Dialogue

A　　店員を　呼ぶとき、「すみません」と　言います。

A　　Ten'in o yobu toki, "Sumimasen" to īmasu.

言ってみましょう
Say Try

❶ マリさんは　わたしより　| わかい / えいごが　じょうず |　です。

Mari-san wa watashi yori wakai / Ēgo ga jōzu desu.

❷ | でんしゃ / いぬ |と　| バス / ねこ |、どっちが　| はやい / すき |ですか。

Densha / Inu to basu / neko, docchi ga hayai / suki desu ka?

❸ | 富士山 / グエンさん |は　| 日本 / クラス |で　一ばん　| 高い　山 / うたが　じょうず |です。

Fuji-san / Guen-san wa nihon / kurasu de ichiban takai yama / uta ga jōzu desu.

❹ | これ / わたし |より　| あれ / かのじょ |の　ほうが　| やすい / せが　たかい |です。

Kore /Watashi yori are / kanojo no hō ga yasui /se ga takai desu.

1 Aほう／NA な ほう
hō   hō

❶ どっちが いいですか。——ちいさい ほうが いいです。

Docchi ga ī desu ka?   Chīsai hō ga ī desu.

❷ どっちの ホテルが いいですか、——しずかな ほうが いいです。

Docchi no hoteru ga ī desu ka?   Shizuka na hō ga ī desu.

2 Aのが いい／NA なのが いい
noga ī   nanoga ī

❶ 日本人 大きい かばんと 小さい かばん、どっちが いいですか。

Ōkī kaban to chīsai kaban, docchi ga ī desu ka?

学習者 大きいのが いいです。にもつが 多いですから。

Ōkī no ga ī desu. Nimotsu ga ōi desu kara.

❷ これで いいですか。

Kore de ī desu ka?

——いえ、もう 少し きれいなのが いいです。

Ie, mō sukoshi kirē na no ga ī desu.

3 もっと
motto

❶ これは どうですか。——もっと 駅に 近い ほうが いいです。

Kore wa dō desu ka?   Motto eki ni chikai hō ga ī desu.

❷ あれは どうですか。——もっと 大きいのが いいです。

Are wa dō desu ka?   Motto ōkī no ga ī desu.

❶ すみません、「ふじや」と いう パン屋を 知りませんか。

Sumimasen, "Fujiya" to iu pan-ya o shirimasen ka?

――ああ、あの 店です。

Ā, ano mise desu.

❷ さっき「田中さん」と いう 方から 電話が ありました。

Sakki "Tanaka-san"to iu kata kara denwa ga arimashita.

――わかりました。

Wakarimashita.

1 絵を 見て、文を 書いて ください。 E o mite, bun o kaite kudasai.

れい) 
Rē)

おとうと ／ わたし
otōto　　　　watashi

→ おとうとは　わたしより　せが　たかいです。
Otōto wa watashi yori se ga takai desu.

① 田中さん ／ 山田さん ／ じょうず
Tanaka-san　Yamada-san　jōzu

→ ____

② ベトナム ／ 日本 ／ あつい
betonamu　　nihon　　atsui

→ ____

③ しろい　くつ ／ くろい　くつ ／ やすい
Shiroi kutsu　　　kuroi kutsu　　　yasui

→ ____

④  わたしの かばん ／ 友だちの　かばん／ 小さい
Watashi no kaban　　tomodachi no kaban　　chīsai

→ ____

2 （　　）の ことばを 使って、文を 書いて ください。
（　　）no kotoba o tsukatte, bun o kaite kudasai.

れい）　やまとスーパー ／ ふじスーパー ／ やすい　（やまとスーパー）
Re)　Yamato Sūpā　　　　Fuji Sūpā　　　　yasui　（Yamato Sūpā）

→やまとスーパーと　ふじスーパーと、どっちが　やすいですか。
Yamato Sūpā to Fuji Sūpā to, docchi ga yasui desu ka?

──やまとスーパーの　ほうが　やすいです。
Yamato Sūpā no hō ga yasui desu.

① ケーキ ／ アイス ／ いい　（アイス）
kēki　　　aisu　　　ī　　　（aisu）

→ ____

── ____

② サッカー ／ バスケットボール ／ 好き　（サッカー）
sakkā　　　basukettobōru　　　suki　　　（sakkā）

→ ____

── ____

③ パソコン／スマホ／ほしい　（スマホ）
pasokon　sumaho　hoshī　（sumaho）

→ ____

── ____

④ アルバイト ／ べんきょう ／ たいへん　（べんきょう）
arubaito　　　benkyō　　　taihen　　　（benkyō）

→ ____

── ____

 （　　）の ことばを 使<ruby>使<rt>つか</rt></ruby>って、文<ruby>文<rt>ぶん</rt></ruby>を 書<ruby>書<rt>か</rt></ruby>いて ください。
（　　）no kotoba o tsukatte, bun o kaite kudasai.

れい）フルーツ ／ 何<ruby>何<rt>なに</rt></ruby> ／ おいしい （バナナ）
Re)　furūtsu　　nani　oishī　　　（banana）

　　→ フルーツで、何<ruby>何<rt>なに</rt></ruby>が　いちばん　すきですか。
　　　Furūtsu de, nani ga ichiban suki desu ka?

　　　── バナナが　すきです。
　　　Banana ga suki desu.

① どうぶつ ／ 何<ruby>何<rt>なに</rt></ruby> ／ すき （パンダ）
　 Dōbutsu　　nani　suki　（panda）

→ _______________________________________

── _______________________________________

② 日本<ruby>日本<rt>に ほん</rt></ruby>りょうり ／ 何<ruby>何<rt>なに</rt></ruby> ／ おいしい （すし）
　 Nihon ryōri　　　nani　oishī　　（sushi）

→ _______________________________________

── _______________________________________

③ ベトナム ／ どこ ／ いい （ハノイ）
　 Betonamu　doko　ī　　（Hanoi）

→ _______________________________________

── _______________________________________

④ いっしゅうかん ／ いつ ／ すき （日<ruby>日<rt>にち</rt></ruby>ようび）
　 Isshūkan　　　　itsu　suki　（nichiyōbi）

→ _______________________________________

── _______________________________________

4 **Choose a word from ☐ and enter it in 「〜の」「〜なの」 form.**
Hãy chọn từ rồi chuyển sang thể 「〜の」「〜なの」 và điền vào.

れい）　ちょっと　小さいですね。これより　（大きいの）が　ほしいです。
Rē）　　Chotto chīsai desu ne. Kore yori　ōkī no　ga hoshī desu.

① こちらは　1万円です。
Kochira wa ichiman-en desu.

——うーん……。もう　少し　（　　　　　）が　いいです。
Ūn….　　Mō sukoshi　　　　　ga ī desu.

② この　シャツは、くろだけですか。（　　　　　）は　ありますか。
Kono shatsu wa, kuro dake desu ka?　　　wa arimasu ka?

③ この　タオル、ちょっと　きたないです。
Kono taoru, chotto kitanai desu.

もっと　（　　　　　）は　ありますか。
Motto　　　　　wa arimasu ka?

あかい	きれい	やすい	にぎやか	大きい
akai	kirē	yasui	nigiyaka	ōkī

ポール　けさ、電車に　乗った　とき、いすに　すわりました。少し　ねむかったですから。おきた　とき、目の　前に　おばあさんが　いました。わたしは　言い方が　わからなくて、「すみません」と　言いました。おばあさんは　ちょっと　びっくりした　かおでした。

たなか　かんたんな　ことばで　いいですよ。「どうぞ」だけ　でも　いいです。

ポール　わかりました。

Pōru　Kesa, densha ni notta toki, isu ni suwarimashita. Sukoshi nemukatta desu kara. Okita toki, me no mae ni obāsan ga imashita. Watashi wa ī kata ga wakaranakute, "Sumimasen" to īmashita. Obāsan wa chotto bikkuri-shita kao deshita.

Tanaka　Kantan na kotoba de ī desu yo. "Dōzo"dake demo ī desu.

Pōru　Wakarimashita.

たいせつ（な）	taisetsu (na)	precious	quan trọng
つぎ	tsugi	next	tiếp theo
やま	yama	mountain	núi
ゆうはん	yūhan	dinner; supper	bữa tối
すし	sushi	sushi	sushi
てんぷら	tenpura	tempura	tempura
どっち ※「どちら」は 丁寧な 言い方	docchi	which *A polite way to say 「どちら」	cái nào ※「どちら」là cách nói lịch sự hơn
ロンドン	rondon	London	London
タイペイ	taipē	Taipei	Đài Bắc
言います	īmasu	will say	nói
わかい	wakai	young	trẻ
ねこ	neko	cat	mèo
富士山	fujisan	Mount Fuji	núi Phú Sĩ
もっと	motto	more	hơn
パン屋	pan-ya	bakery	hàng bánh
いす	isu	chair	ghế
ねむい	nemui	sleepy	buồn ngủ
目の前	menomae	in front	trước mắt
びっくりします	bikkuri-shimasu	will be surprised	ngạc nhiên
かんたん（な）	kantan (na)	simple	đơn giản

Review Notes　Sổ tay ôn tập

■ **Xより〜**

X An expression comparing how the subject is in comparison to X as a standard.

Example 1: マリアさんは、わたし<u>より</u>　かみが　長_{なが}いです。
（Maria-san has longer hair than me.）

Example 2: スカイツリーは、東京_{とうきょう}タワー<u>より</u>　高_{たか}いです。
（The Skytree is taller than Tokyo Tower.）

■ **XよりYの　ほうが**

An expression indicating that Y is a certain way in comparison to X as a standard.

Example 1: 黒_{くろ}い　くつ<u>より</u>　あかい　くつの　<u>ほうが</u>　大_{おお}きいです。
（The red shoes are larger than the black shoes.）

Example 2: わたしは　ふゆ<u>より</u>　なつの　<u>ほうが</u>　好_すきです。
（I like summer more than the winter.）

- -

■ **Xより〜**

Ở cách nói này X là tiêu chuẩn để so sánh, chủ ngữ sẽ được so sánh với X xem thế nào.

Ví dụ 1: マリアさんは、わたし<u>より</u>　かみが　長_{なが}いです。
（Maria tóc dài hơn tôi.）

Ví dụ 2: スカイツリーは、東京_{とうきょう}タワー<u>より</u>　高_{たか}いです。
（Sky Tree cao hơn tháp Tokyo.）

■ **XよりYの　ほうが**

Ở cách nói này X là tiêu chuẩn để so sánh và Y được so với X xem thế nào.

Ví dụ 1: 黒_{くろ}い　くつ<u>より</u>　あかい　くつの　<u>ほうが</u>　大_{おお}きいです。
（Giày đỏ to hơn giày đen.）

Ví dụ 2: わたしは　ふゆ<u>より</u>　なつの　<u>ほうが</u>　好_すきです。
（Tôi thích mùa hè hơn mùa đông.）

■ **Xより〜**

Xが比較の基準になって、主語がそれに比べてどうかを表す表現です。

れい1）マリアさんは、わたし<u>より</u>　かみが　長いです。

れい2）スカイツリーは、東京タワー<u>より</u>　高いです。

■ **XよりYの　ほうが**

Xが比較の基準になって、Yがそれに比べてどうかを表す表現です。

れい1）黒い　くつ<u>より</u>　あかい　くつの　<u>ほうが</u>　大きいです。

れい2）わたしは　ふゆ<u>より</u>　なつの　<u>ほうが</u>　好きです。

Unit 8

電話しましたが、だれも 出ませんでした
Denwa-shimashita ga, dare mo demasen deshita

I called, but no one answered.
Em đã gọi điện nhưng chẳng ai nhấc máy cả.

キーワード
Keywords

どこにも 〜ません	どこも 〜ません
doko nimo〜masen	doko mo〜masen
何も 〜ません	だれも 〜ません
nani mo〜masen	dare mo〜masen

いつでも	どこでも	だれでも
itsu demo	doko demo	dare demo
〜か〜	A くする	NA に する
〜ka〜	A ku suru	NA ni suru

かいわ・1
Dialogue

さくら　ふゆ休みは　どこかに　行きましたか。

アリ　　いえ、どこにも　行きませんでした。アルバイトが　ありましたから。

Sakura　Fuyuyasumi wa dokoka ni ikimashita ka?

Ari　　Ie, doko ni mo ikimasendeshita. Arubaito ga arimashita kara.

かいわ・2
Dialogue

ポール　まだ　早くて、どこも　開いて　いませんでした。

マリア　そうですか。

Pōru　Mada hayakute, doko mo aite imasen deshita.

Maria　Sō desu ka.

かいわ・3
Dialogue

グエン　昼ごはんが　おそく　なりましたから、おなかが　ぜんぜん　すいて　いません。

ポール　え？　何も　食べないですか。

グエン　そうですね。何も　いりません。

Guen　Hirugohan ga osoku narimashita kara, onaka ga zenzen suite imasen.

Pōru　E? Nani mo tabenai desu ka?

Guen　Sō desu ne. Nani mo irimasen.

かいわ・4
Dialogue

ポール　電話しましたが、だれも　出ませんでした。

たなか　じゃ、あした、もう　いちど　電話しましょう。

Pōru　Denwa-shimashita ga, dare mo demasen deshita.

Tanaka　Ja, ashita, mō ichido denwa-shimashō.

かいわ・5
Dialogue

ポール　何か　知って　いますか。

グエン　いえ、何も　知りません。

Pōru　　Nanika shitte imasu ka?

Guen　　Ie, nani mo shirimasen.

かいわ・6
Dialogue

アリ　　ワンさんも　パーティーに　行きますか。

キム　　いいえ。ワンさんは　「行かない」と　言いました。

Ari　　Wan-san mo pāthī ni ikimasu ka?

Kimu　　Īe. Wan-san wa "Ikanai" to īmashita.

言ってみましょう
Say Try

❶ | かぎ / グエンさん | は | ありました / いました | か。――いいえ、どこにも | ありません / いません | 。

Kagi / Guen-san wa arimashita / imashita ka? --Īe, doko nimo arimasen / imasen.

❷ 何も | 買い / 飲み | ませんでした。

Nani mo kai / nomimasen deshita.

❸ だれも | 帰り / 来 | ませんでした。

Dare mo kaeri / kimasen deshita.

1 〜か 〜
ka

❶ 駅_{えき}から　どうやって　行_いきますか。

Eki kara dōyatte ikimasu ka?

──とおいですから、バス**か**　タクシーですね。

Tōi desu kara, basu ka takushī desu ne.

❷ 何_{なに}か　問題_{もんだい}が　起_おきた　ときは、わたし**か**　田中_{たなか}さんに　言_いって　ください。

Nani ka mondai ga okita toki wa, watashi ka Tanaka-san ni itte kudasai.

2 疑問詞_{ぎもんし} (Wh-/How) ＋ でも
demo

❶ **いつでも**　好_すきな　ときに　来_きて　ください。

Itsu demo sukina toki ni kite kudasai.

──ありがとう　ございます。

Arigatō gozaimasu.

❷ どこで　会_あいますか。──**どこでも**　いいですよ。

Doko de aimasu ka?　　　　Doko demo ī desu yo.

❸ そんなに　ゆうめいな　人_{ひと}ですか。

Sonna ni yūmē na hito desu ka?

──ええ。**だれでも**　知_しって　いますよ。

Ē. Dare demo shitte imasu.

3 **Aくする**
ku suru

❶ A　音を　もう　少し　大きく　して　ください。
Oto o mō sukoshi ōkiku shite kudasai.

B　これ　ぐらい　ですか。
Kore gurai desu ka?

A　はい、けっこうです。
Hai, kekkō desu.

❷ 子どもも　食べますから、少し　甘く　しました。
Kodomo mo tabemasu kara, sukoshi amaku shimashita.

4 **NAに　する**
ni suru

❶ お客さんが　来ますから、部屋を　きれいに　しましょう。
O-kyaku-san ga kimasu kara, heya o kirē ni shimashō.

❷ びじゅつかんの　中では　しずかに　して　ください。
Bijutsukan no naka dewa shizuka ni shite kudasai.

1 ない形 (けい) (nai-form ／ thể ない) を 書 (か) いて ください。　Nai-kē (nai-form ／ thể ない) o kaite kudasai.

飲みます (の) nomimasu	れい）のまない Rē)　　nomanai	あそびます asobimasu	
食べます (た) tabemasu		来ます (き) kimasu	
見ます (み) mimasu		買います (か) kaimasu	
そうじします Sōji-shimasu		けっこんします kekkon-shimasu	
のります norimasu		着ます (き) kimasu	

2 □から ことばを えらんで 入れて ください。　□ kara kotoba o erande irete kudasai.

れい）　きのうは （ どこも ） 行きませんでした。
Rē）　　Kinō wa　　　doko mo　　ikimasen deshita.

① けさ、（　　　　　　　） 食べませんでした。
Kesa,　　　　　　　　　tabemasen deshita.

② わたしの　スマホが （　　　　　　　） ありません。
Watashi no sumaho ga　　arimasen.

③ いつ　行きましょうか。
Itsu ikimashō ka?

　　──わたしは （　　　　　　　） いいですよ。
　　　　Watashi wa　　　　　　　　ī desu yo.

④ きょうしつに　だれか　いましたか。
Kyōshitsu ni dare ka imashita ka?

　　──いいえ、（　　　　　　　） いませんでしたよ。
　　　　Īe,　　　　　　　　　　imasen deshita yo.

⑤ これ、どこで　売って　いますか。
Kore, doko de utte imasu ka?

　　──（　　　　　　　） 売って　いますよ。
　　　　　　　　　　　utte imasu yo

どこも	なにも	いつでも	だれも
doko mo	nani mo	itsu demo	dare mo
どこでも	だれでも	どこにも	
doko demo	dare demo	doko nimo	

れい)
Re)

テレビの　おとを　小さくします。
Terebi no oto o chīsaku shimasu.

① 

____

② 

____

③ 

____

④ 

____

れい）少し（大きく）して、コピーを　して　ください。
Rē）Sukoshi (ōkiku) shite, kopī o shite kudasai.

① ５千円ですか。もう　少し（　　　　）して　ください。
Gosen-en desu ka? Mō sukosi　shite kudasai.

② からい　りょうりが　すきですから、（　　　　）して　ください。
Karai ryōri ga suki desu kara,　shite kudasai,

③ あついですね。エアコンを　つけて、へやを（　　　　）しましょう。
Atsui desu ne. Eakon o tsukete, heya o　shimashō.

④ よるですから、（　　　　）して　ください。
Yoru desu kara　shite kudasai.

⑤ この　チームを　もっと（　　　　）したいです。
Kono chīmu o motto　shitai desu.

すずしい	つよい	しずか	からい	やすい	大きい
suzushī	tsuyoi	shizuka	karai	yasui	ōkī

❶ さくら　　それ、ワンさんの　パソコンですか。

ワン　　　ええ。

さくら　　かなり　古いですよね。

ワン　　　ええ。もう　10年　くらい　使って　います。でも、どこも　悪く　なって　いないですよ。

Sakura　Sore, Wan-san no pasokon desu ka?
Wan　　Ē.
Sakura　Kanari furui desu yo ne.
Wan　　Ē. Mō jūnen-kurai tsukatte imasu. Demo, doko mo waruku natte inai desu yo.

❷ ポール　　おなかが　すきました。なにか　食べる　ものは　ないですか。なんでも　いいです。

マリア　　何も　ないです。

ポール　　この　へんは　何も　ないですね。

マリア　　ええ。もう　ちょっと　がんばりましょう。

Pōru　Onaka ga sukimashita. Nani ka taberu mono wa nai desu ka? Nan demo ī desu.
Maria　Nani mo naidesu.
Pōru　Kono hen wa nani mo nai desu ne.
Maria　Ē. Mō chotto ganbarimashō

あたらしい ことば
New words and expressions

ふゆやすみ	fuyu yasumi	winter break	nghỉ đông
どこにも〜ない	doko nimo〜nai	not anywhere	chẳng có ở đâu cả
ひるごはん	hirugohan	lunch	bữa trưa
（おなかが）すきます	(onaka ga)　sukimasu	will be hungry	đói
いります	irimasu	will need	cần
〜か〜	〜 ka 〜	〜 or 〜	hay là
もんだい	mondai	question	vấn đề
いつでも	itsu demo	any time	bất cứ lúc nào
どこでも	doko demo	any place	bất cứ nơi đâu
だれでも	dare demo	any person	bất cứ ai
おと	oto	sound	tiếng động
おきゃくさん ※「客」の 丁寧な 言い方 きゃく　ていねい　い　かた	o-kyaku-san	customer *A polite way to say「客」	"khách hàng ※ cách nói lịch sự của「客」
ふるい	furui	old	cũ
どこも 〜ない	doko mo 〜nai	not anywhere	chẳng 〜 ở đâu cả
なんでも	nan demo	anything	cái gì cũng
このへん	kono hen	around here	khu vực này, khu này

ふくしゅうノート

■ 何も ～ません

Followed by an expression of negation, indicating "not ~ at all." In the case of people, 「だれも～ません」 is used, while in the case of places, 「どこ（に）も～ません」 is used.

Example 1: れいぞうこの　中には、何も　ありません。 (There is nothing inside the refrigerator.)

Example 2: 朝から　何も　食べて　いません。 (I have not eaten anything since the morning.)

■ Aくします／NAに します

Indicates that a person intentionally acts upon a target to change it.

Example 1: かみを　少し　短く　します。 (I will make my hair a little shorter.)

Example 2: へやを　きれいに　して　ください。 (Please clean up the room.)

- -

■ 何も ～ません

Đi sau là cách nói phủ định, thể hiện ý nghĩa "hoàn toàn không ~". Nếu là người sẽ dùng cách nói 「だれも ～ません」, nếu là địa điểm sẽ dùng cách nói 「どこ（に）も ～ません」.

Ví dụ 1: れいぞうこの　中には、何も　ありません。 (Trong tủ lạnh chẳng có gì.)

Ví dụ 2: 朝から　何も　食べて　いません。 (Từ sáng tôi chưa ăn gì.)

■ Aくします／NAに します

Thể hiện con người cố ý tác động làm thay đổi đối tượng nào đó.

Ví dụ 1: かみを　少し　短く　します。 (Tôi để tóc ngắn hơn một chút.)

Ví dụ 2: へやを　きれいに　して　ください。 (Hãy dọn sạch phòng đi.)

■ 何も～ません

後ろに否定の表現が続いて、「全然～ない」という意味を表します。人の場合は「だれも～ません」、場所の場合は「どこ（に）も～ません」となります。

れい1）れいぞうこの　中には、何も　ありません。

れい2）朝から　何も　食べて　いません。

■Aくします／NAにします

人が何かの対象に意図的に働きかけて変化させることを表します。

れい1）かみを　少し　短く　します。

れい2）へやを　きれいに　して　ください。

Unit 9

友だちに もらいました

Tomodachi ni moraimashita

I got it from a friend

Tớ được bạn tặng.

🔑 キーワード
Keywords

あげます	もらいます	〜たり〜たり（します）
agemasu	moraimasu	〜tari〜tari (shimasu)
〜ころ	たとえば	
〜 koro	tatoeba	

かいわ・1
Dialogue

アリ　　もうすぐ 「母の日」ですね。何か　あげますか。

さくら　ええ。毎年、花と　カードを　あげます。

Ari　　Mōsugu "Haha no hi"desu ne. Nani ka agemasu ka?

Sakura　Ē. Maitoshi, hana to kādo o agemasu.

かいわ・2
Dialogue

グエン　その　Tシャツ、いいですね。

ポール　ああ、これですか。友だちに　もらいました。ハワイの　おみやげ
　　　　です。

Guen　　Sono thīshatsu, ī desu ne.

Pōru　　Ā, kore desu ka. Tomodachi ni moraimashita. Hawai no o-miyage desu.

かいわ・3
Dialogue

さくら　日曜日は　ぜんいん　来ますか。

アリ　　えーと、ワンさんから　まだ　返事を　もらって　いません。

さくら　そうですか。

Sakura　Nichiyōbi wa zen'in kimasu ka?

Ari　　Ēto, Wan-san kara mada henji o moratte imasen.

Sakura　Sō desu ka.

かいわ・4
Dialogue

ワン　　休みの　日は　何を　しますか。

さくら　本を　よんだり、えを　かいたり　します。

Wan　　Yasumi no hi wa nani o shimasu ka?

Sakura　Hon o yondari, e o kaitari shimasu.

114

たなか　日本（にほん）で　何（なに）を　したいですか。

ポール　ふじさんに　のぼった**り**、りょこう**した**り　**し**たいです。

Tanaka　Nihon de nani o shitai desu ka?

Pōru　Fuji-san ni nobottari, ryokō shitari shitai desu.

言（い）ってみましょう
Say Try

❶ 友（とも）だちに　| プレゼント / おかし |　を　あげました。

Tomodachi ni purezento/o-kashi o agemashita.

❷ | 友（とも）だち / おばあさん |　に　| えはがき / ゆびわ |　を　もらいました。

Tomodachi/Obāsan ni ehagaki/yubiwa o moraimashita.

❸ | そうじを　し / はしっ |　たり、| 洗（せん）たくを　し / テニスを　し |　たり　します。

Sōji o shi / Hashittari, sentaku o shi / tenisu o shitari shimasu.

115

1 ～たり ～たり
tari　　tari

❶ 休みの　日は　何を　しますか。
やす　　ひ　　　なに

Yasumi no hi wa nani o shimasu ka?

——映画を　みたり、料理を　つくったり　します。
えいが　　　　　りょうり

Ēga o mitari, ryōri o tsukuttari shimasu.

❷ 今日は　忙しいですか。
きょう　　いそが

Kyō wa isogashī desu ka?

——はい。部屋の　掃除を　したり、服を　買いに　いったり、
へや　　　そうじ　　　　　　ふく　　か

忙しいです。
いそが

Hai, heya no sōji o shitari, fuku o kai ni ittari, isogashī desu.

2 ～ころ
koro

❶ 子どもの　ころ、よく　ここで　あそびました。
こ

Kodomo no koro, yoku koko de asobimashita.

❷ はじめて　日本に　来た　ころは、日本語が　まったく　わかりません
にほん　　き　　　　　　　にほんご

でした。

Hjimete nihon ni kita koro wa, nihongo ga mattaku wakarimasen deshita.

3 たとえば
tatoeba

❶ くだものは　何が　好きですか。

Kudamono wa nani ga suki desu ka?

——たとえば、イチゴです。

Tatoeba, ichigo desu.

❷ たとえば、どこに　行きたいですか。

Tatoeba, doko ni ikitai desu ka?

——わたしは　北海道に　行きたいです。

Watashi wa Hokkaidō ni ikitai desu.

れんしゅうしましょう
Let's practice

1 た形 (ta-form / thể た) を 書いて ください。　Ta-kē (ta-form / thể た) o kaite kudasai.

行きます ikimasu	れい）　行った Re)　itta	買います kaimasu	
はなします hanashimasu		食べます tabemasu	
見ます mimasu		出かけます dekakemasu	
つくります tsukurimasu		かきます kakimasu	
来ます kimasu		りょこうします ryokō-shimasu	

絵を 見て、文を 書いて ください。 E o mite, bun o kaite kudasai.

れい)
Rē)

友だち
tomodachi

→ 友だちに　プレゼントを　もらいました。
Tomodachi ni purezento o moraimashita.

① 

いもうと
imōto

→ _______________________________

② 

おばあさん
obāsan

→ _______________________________

③ 

みんな ／ おみやげ
minna　　　o-miyage

→ _______________________________

④ 

ともだち ／ でんわ
tomodachi　　denwa

→ _______________________________

 絵を 見て、文を 入れて ください。　E o mite, bun o irete kudasai.
_{え み ぶん い}

れい) 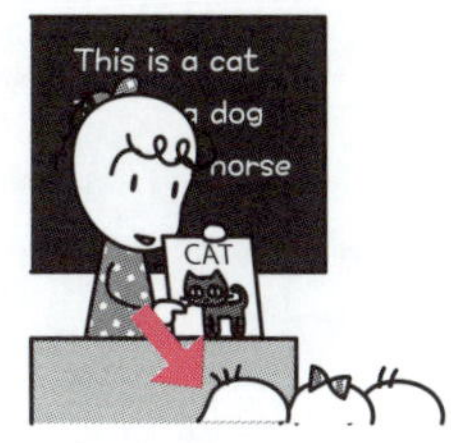
Rē)

学生に　えいごを　おしえます。
_{がくせい}
Gakusē ni Ēgo o oshiemasu.

① 

友だちに
_{とも}
Tomodachi ni

② 

さとう先生に
_{せんせい}
Satō sensē ni

 →

③ 

友だちに
_{とも}
Tomodachi ni

119

れい) 日ようびは、（せんたくします→ せんたくし ）たり、（そうじします→
Rẽ) そうじし ）たり　します。

Nichiyōbi wa, (sentaku-shimasu → sentaku-shi) tari, (sōji-shimasu → sōji-shi) tari shiamsu.

① なつ休みは、本を（よみます→　　　　　）り、（りょこうします→　　　）り　します。

Natsu yasumi wa, hon o (yomimasu →) ri, (ryokō-shimasu →) ri shimasu.

② 北海道に　行って、ゆきを（見ます→　　　　　）り、おいしい　ぎゅうにゅうを　（のみます→　　　　　）り　したいです。

Hokkaidō ni itte, yuki o (mimasu →) ri, oishī gyūnyū o (nomimasu →) ri shitai desu.

③ 今週の　土日は、アルバイトを　（します→　　　　　）り、学校のしゅくだいを　（します→　　　　　）りします。

Konshū no donichi wa, arubaito o (shimasu →) ri, gakkō no shukudai o shimasu →) ri shimasu.

④ いつも、むすめと　うたを（うたいます→　　　　　）り、買い物に（いきます→　　　　　）り　します。

Itsumo, musume to uta o (utaimasu →) ri, kaimono ni (ikimasu →) ri shimasu.

① アリ　いつも　おいしい　ものを　もらって、すみません。

さくら　いえ、いえ。

アリ　こんどは　わたしが　何か　あげますから。

さくら　はい、はい。

Ari　　　Itsumo oishī mono o moratte, sumimasen.
Sakura　Ie, ie.
Ari　　　Kondo wa watashi ga nani ka agemasu kara.
Sakura　Hai, hai.

② あおき　京都では　何を　したいですか。

マイカ　おてらを　見たり、おいしい　ものを　食べたり　したいです。
あと、着物を　着たいです。

あおき　いいですね。あとで　しゃしんを　送って　くださいね。

マイカ　はい。

Aoki　　Kyōto de wa nani o shitai desu ka?
Maika　O-tera o mitari, oishī mono o tabetari shitai desu. Ato, kimono o kitai desu.
Aoki　　Ī desu ne. Ato de shashin o okutte kudasai ne.
Maika　Hai.

Unit 9
友だちに もらいました
Tomodachi ni moraimashita.

母の 日 （はは）（ひ）	haha-no-hi	Mother's Day	ngày của mẹ
はな	hana	flowers	hoa
Ｔシャツ	thī-shatsu	T-shirt	áo phông
ハワイ	hawai	Hawaii	Hawaii
ぜんいん	zen'in	everyone	tất cả mọi người
もらいます	moraimasu	will receive	nhận
休みの 日 （やす）（ひ）	yasumi-no-hi	day off	ngày nghỉ
～の ころ	～ no koro	around ～	khi
飲み物 （の）（もの）	nomimono	drink	đồ uống
たとえば	tatoeba	for example	ví dụ
あげます	agemasu	will give	cho, tặng
こんど	kondo	next time	lần tới
お寺 （てら）	o-tera	temple	chùa
きもの	kimono	kimono	kimono

■ **〜を あげます**

Used when expressing that the individual giving a thing that is transferred is the subject of the sentence.

*Used when the recipient thinks they are receiving something good.

> Example 1: 友だちに　たんじょうびプレゼントを　あげました。(I gave a birthday present to my friend.)
> Example 2: 2つ　持って　います　から、1つ　あげますよ。(I have two, so I will give you one.)

■ **〜を もらいます**

Used when expressing that the individual receiving a thing that is transferred is the subject of the sentence.

「に」or「から」is used in front of the party giving the thing.

> Example 1: 友だちから（/ に）　本を　もらいました。(I got a book from my friend.)
> Example 2: 母に（/ から）　手紙を　もらいました。(I got a letter from my mother.)

■ **〜を あげます**

Sử dụng để nói về "sự di chuyển của đồ vật" với người tặng là chủ ngữ.

※ Dùng cho các trường hợp phía nhận cảm thấy đó là thứ tốt.

> Ví dụ 1: 友だちに　たんじょうびプレゼントを　あげました。(Tôi tặng bạn quà sinh nhật.)
> Ví dụ 2: 2つ　持って　います　から、1つ　あげますよ。(Tôi có 2 cái nên sẽ tặng anh 1 cái.)

■ **〜を もらいます**

Sử dụng để nói về "sự di chuyển của đồ vật" với người nhận là chủ ngữ.

Trước từ chỉ "người tặng" có thể dùng「に」hay「から」.

> Ví dụ 1: 友だちから（/ に）　本を　もらいました。(Tôi nhận được sách từ bạn.)
> Ví dụ 2: 母に（/ から）　手紙を　もらいました。(Tôi nhận được thư từ mẹ.)

■ **〜を あげます**

「ものの移動」を、与える側が主語になって表現するときに用います。

※受け取る側が良いものだと感じるものに使います。

> れい1）友だちに　たんじょうびプレゼントを　あげました。
> れい2）2つ　持って　います　から、1つ　あげますよ。

■ **〜を もらいます**

「ものの移動」を、受けとる側が主語になって表現するときに用います。

ものを与える側の前には「に」か「から」を使います。

> れい1）友だちから（/ に）　本を　もらいました。
> れい2）母に（/ から）　手紙を　もらいました。

この ちず、1つ もらっても いいですか
Kono chizu, hitotsu moratte mo ī desu ka?

May I have one more of these maps?
Tôi có thể xin một tờ bản đồ này được không?

キーワード
Keywords

〜ても いいですか	〜なければなりません
〜 te mo ī desu ka?	〜nakereba narimasen
〜なくても いいです	〜ては いけません
〜nakute mo ī desu	〜te wa ikemasen

かいわ・1 Dialogue

ポール　この　ちず、1つ　もらっても　いいですか。

B　　はい、どうぞ。

Pōru　Kono chizu, hitotsu moratte mo ī desu ka?

B　Hai, dōzo.

かいわ・2 Dialogue

ポール　この　本、ちょっと　見ても　いいですか。

グエン　いいですよ。

Pōru　Kono hon, chotto mite mo ī desu ka?

Guen　Ī desu yo.

かいわ・3 Dialogue

A　　すみません、もう　帰っても　いいですか。

B　　ああ、いいですよ。

A　Sumimasen, mō kaette mo ī desu ka?

B　Ā, ī desu yo.

かいわ・4 Dialogue

たなか　おそく　なる　ときは　言って　くださいね。

ポール　わかりました。

Tanaka　Osoku naru toki wa itte kudasai ne.

Pōru　Wakarimashita.

かいわ・5 Dialogue

A　　中に　入る　ときは、くつを　ぬがなければ　なりません。

A　Naka ni hairu toki wa, kutsu o nuganakereba narimasen..

かいわ・6 Dialogue

A　子どもも、お金を　はらわなければ　なりませんか。

B　いいえ、子どもは　はらわなくても　いいです。

A　Kodomo mo, o-kane o harawanakereba narimasen ka?

B　Īe, kodomo wa harawanakute mo ī desu.

かいわ・6 Dialogue

A　ここに　じてんしゃを　とめては　いけません。

A　Koko ni jitensha o tomete wa ikemasen.

言ってみましょう Say Try

❶ これ、| 見て / すて | ても　いいですか。——ええ。どうぞ。

Kore, mi / sutete mo ī desu ka? --Ē. Dōzo.

❷ | 本を読む / こまった | ときに | めがね / この本 | を | 使い / 見 | ます。

Hon o yomu / Komatta toki ni megane / kono hon o tsukai / mimasu.

❸ 6時に | 起き / 家に帰ら | なければなりません。

Roku-ji ni oki/ie ni kaeranakereba narimasen.

❹ | テレビ / 名前 | は | なく / 書かなく | ても　いいです。

Terebi/ Namae wa naku/kakanakute mo ī desu.

❺ ここに | ごみ / にもつ | を | すて / おい | ては　いけません。

Koko ni gomi/nimotsu o sute/oite wa ikemasen.

このちず、1つ　もらっても　いいですか
Kono chizu, hitotsu moratte mo ī desu ka?

1 ～までに
made ni

❶ キャンセルする　ときは　3日前までに　連絡しなければ　なりません。
　　　　　　　　　　　　か　まえ　　　　　　れんらく

Kyanseru suru toki wa mikka mae made ni renraku-shinakereba narimasen.

❷ いつまでに　出さなければ　なりませんか。
　　　　　　　　だ

Itsu made ni dasanakereba narimasen ka?

──15日までに　出して　ください。
　　にち　　　　　　だ

Jūgo-nichi made ni dashite kudasai.

❸ 金曜日までに　レポートを　出さなければ　なりません。
　きんようび　　　　　　　　　　だ

Kinyōbi made ni repōto o dasanakereba narimasen.

──金曜日？　それは　大変ですね。
　きんようび　　　　　　たいへん

Kinyōbi? Sore wa taihen desu ne.

❹ 時間が　かかって、すみません。あさってまでに　用意します。
　じかん　　　　　　　　　　　　　　　　　　　　　　ようい

Jikan ga kakatte, sumimasen. Asatte made ni yōi-shimasu.

──はい……。でも、そんなに　急がなくても　いいですよ。
　　　　　　　　　　　　　　いそ

Hai…. Demo, sonna ni isoganakute mo ī desu yo.

2 Aても いい
te mo 　ī

どんな　へやが　いいですか。

Donna heya ga ī desu ka?

──とおくても　いいです。安い　へやが　いいです。
　　　　　　　　　　　やす

Tōku te mo ī desu. Yasui heya ga ī desu.

3 **〜とか**
toka

❶ おなかが　すいた　ときは、チョコレート**とか**　クッキー**とか**を　食べます。

Onaka ga suita toki wa, chokorēto toka kukkī toka o tabemasu.

❷ どんな　スポーツを　よく　見ますか。

Donna supōtsu o yoku mimasu ka?

——サッカー**とか**　ラグビー**とか**を　よく　見ます。

Sakkā toka ragubī toka o yoku mimasu.

4 **〜まえに**
mae ni

❶ 出かける　前に　シャワーを　あびます。

Dekakeru mae ni shawā o abimasu.

❷ ねる　前に　かならず　歯を　みがきます。

Neru mae ni kanarazu ha o migakimasu.

5 **〜あと**
ato

❶ しごとが　終わった**あと**、また　電話します。

Shigoto ga owatta ato, mata denwa-shimasu.

❷ A　国に　帰った**あと**、何を　しますか。

Kuni ni kaetta ato, nani o shimasu ka?

B　自分の　会社を　つくります。

Jibun no kaisha o tsukurimasu.

れんしゅうしましょう
Let's practice

1 絵を 見て、文を 書いて ください。 E o mite, bun o kaite kudasai.

れい)
Rē)

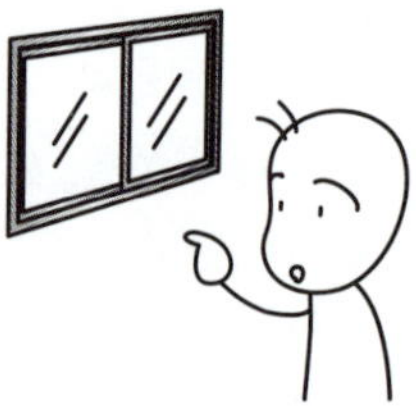

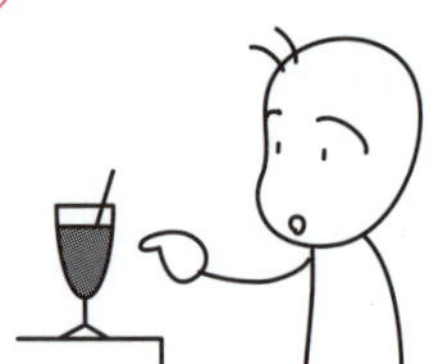

まどを　あけます
mado o akemasu

→ まどを　あけても　いいですか。
Mado o akete mo ī desu ka?

①

この　ジュースを　飲みます
kono jūsu o nomimasu

→ ______________________________

②

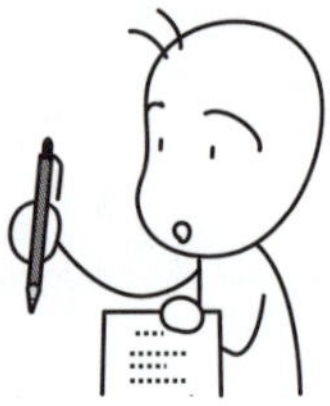

ペンで　書きます
pen de kakimasu

→ ______________________________

③

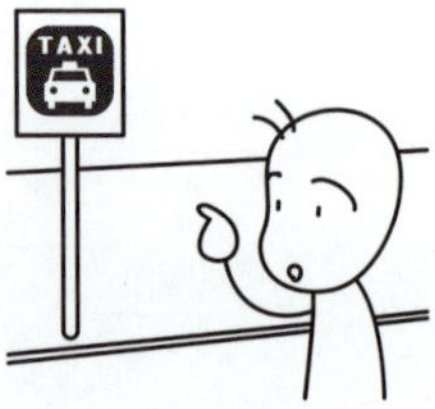

タクシーで　行きます
takushī de ikimasu

→ ______________________________

④

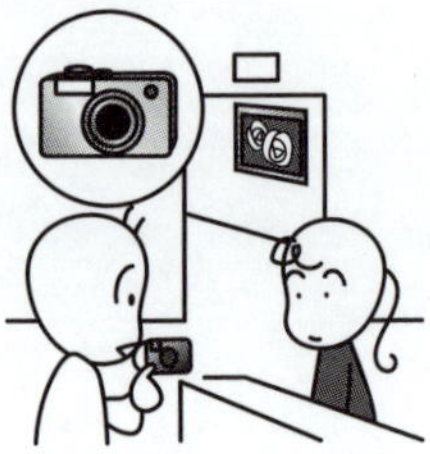

しゃしんを　とります
shashin o torimasu

→ ______________________________

2 **Turn the word into the appropriate form.** ／ Hãy chuyển từ sang thể thích hợp.

れい）　しゅくだいを　（します→　し　）なければ　なりません。
Re）　　　Shukudai o　（shimasu → shi）nakereba narimasen.

① あした、早く（おきます→　　　　　）なければ　なりません。
Ashita, hayaku（okimasu →　　）nakereba nariamsen.

② もう　ちょっと　大きい　サイズを（買います→　　　　　）なければ
なりません。
　Mō chotto ōkī saizu o（kaimasu →　　）nakereba narimasen.

③ 月ようび、7時に　ここに（来ます→　　　　　）なければ　なりません。
Getsuyōbi shichi-ji ni koko ni（kimasu →　　）nakereba narimasen.

④ あした　までに、この　本を（よみます→　　　　　）なければ　なりま
せん。
　Ashita made ni, kono hon o（yomimasu →　　）nakereba narimasen.

3 **Turn the word into the appropriate form.** ／ Hãy chuyển từ sang thể thích hợp.

れい）　あしたは、しごとに（行きます→ 行か）なくても　いいです。
Re）　　　Ashita wa, shigoto ni（ikimasu → ika）　nakute mo ī desu.

① じゅうしょは　（書きます→　　　　　）なくても　いいですよ。
Jūsho wa（kakimasu →　　）nakute mo ī desu yo.

② いすは（かたづけます→　　　　　）なくても　いいですよ。
Isu wa（katazukemasu →　　）nakute mo ī desu yo.

③ 時間が　ありますから、（いそぎます→　　　　　）なくても　いいです。
Jikan ga arimasu kara（isogimasu →　　）nakute mo ī desu.

④ その　くすりは、（のみます→　　　　　）なくても　いいですよ。
Sono kusuri wa,（nomimasu →　　）nakutemo ī desu yo.

4 **Choose a word from ☐ and enter it in an appropriate form.**
Hãy chọn từ rồi chuyển sang thể thích hợp và điền vào.

れい）　これは、しゃしんを（　とっては　）いけません。
Rê）　　Kore wa, shashin o　　totte wa　　ikemasen.

① ここで、たばこを（　　　　　）いけません。
Koko de, tabako o　　　　　　　ikemasen.

② この　公園は、ボールで（　　　　　）いけません。
Kono kōen wa, bōru de　　　　　　　ikemasen.

③ 車で　来ましたか。じゃ、おさけを（　　　　　）いけませんね。
Kuruma de kimashita ka. Ja, o-sake o　　　　　　　ikemasen ne.

④ ここで、おかしを（　　　　　）いけません。
Koko de, o-kashi o　　　　　　　ikemasen.

とります	あそびます	すいます	たべます	のみます
torimasu	asobimasu	suimasu	tabemasu	nomimasu

5 **Choose the correct response.** ／ Hãy chọn đáp án đúng.

れい）　テストですから、あさ（まで・までに）べんきょうしました。
Rê）　　Tesuto desu kara, asa (made・made ni) benkyō-shimashita.

① きょうの　かいぎは、5時（まで・までに）かかりました。
Kyō no kaigi wa. Go-ji (made・made ni) kakarimashita.

② この　しゅくだいは、月ようび（まで・までに）出してください。
Kono shukudai wa, getsuyōbi (made・made ni) dashite kudasai.

③ としょかんの　本は、こんどの　日ようび（まで・までに）かえします。
Toshokan no hon wa, kondo no nichiyōbi (made・made ni) kaeshimasu.

④ アルバイトは　10時（まで・までに）です。
Arubaito wa jū-ji (made・made ni) desu.

れい）　いつも、ゆうはんを（食べます→ 食べた）あと、シャワーを　あびます。
Rê）　　　Itsumo, yūhan o (tabemasu・tabeta) ato, shawā o abimasu.

① うちに（帰ります→　　　　　　）あと、田中さんに　電話を　します。
Uchi ni (kaerimasu →　　　) ato, Tanaka-san ni denwa o shimasu.

② しごとが（おわります→　　　　　　）あと、友だちと　買いものに
行きました。
Shigoto ga (owarimasu →　　　) ato, tomodachi to kaimono ni ikimashita.

③ この　ボタンを（おします→　　　　　　）あと、お金を　入れて　くだ
さい。
Kono botan o (oshimasu →　　　) ato, o-kane o irete kudasai.

④ そうじを（します→　　　　　　）あと、ゴミを　すてました。
Sōji o (shimasu →　　　) ato, gomi o sutemashita.

7 **Choose a word from ☐ and enter it in an appropriate form.**
Hãy chọn từ rồi chuyển sang thể thích hợp và điền vào.

れい）　（ねる）まえに、はを　みがきます。
Rê）　　　Neru　　mae ni ha o migakimasu.

① アルバイトに（　　　　　　）まえに、ラーメンを　食べます。
Arubaito ni　　　　　　　　　mae ni, rāmen o tabemasu.

② しょくじを（　　　　　　）まえに、手を　あらいます。
Shokuji o　　　　　　　　　mae ni, te o araimasu.

③ さくらさんに（　　　　　　）まえに、プレゼントを　買います。
Sakura-san ni　　　　　　　　mae ni, purezento o kaimasu.

④ えいがを（　　　　　　）まえに、チケットを　買います。
Ēga o　　　　　　　　　mae ni chiketto o kaimasu.

ねます	行きます	会います	見ます	します
nemasu	ikiamsu	aimasu	mimasu	shimasu

①

ワン	ホテルのちかくに　コンビニとか　ありませんか。
さくら	ありますよ。ちずに　書いて　あります。
ワン	そうですか。じゃ、こまりませんね。

Wan　　Hoteru no chikaku ni konbini toka arimasen ka?
Sakura　Arimasu yo. Chizu ni kaite arimasu.
Wan　　Sō desu ka. Ja, komarimasen ne.

②

アリ	もう　食べても　いいですか。
さくら	ちょっと　待って　ください。みんなで　かんぱいします　から。
アリ	そうですね。じゃ、さくらさん、おねがいします。
さくら	はい。じゃ、みなさん、グラスを　持って　ください。

Ari　　Mō tabete mo ī desu ka?
Sakura　Chotto matte kudasai. Minna de kanpai-shimasu kara.
Ari　　Sō desu ne. Ja, Sakura-san, onegai-shimasu.
Sakura　Hai. Ja, minasan, gurasu o motte kudasai.

あたらしいことば
New words and expressions

ぬぎます	nugimasu	will take off	cởi
〜までに	〜 made ni	until 〜	đến
キャンセルします	kyanseru-shimasu	will cancel	hoãn
れんらくします	renraku-shimasu	will contact	liên lạc
よういします	yōi-shimasu	will prepare	chuẩn bị
クッキー	kukkī	cookie	bánh quy
ラグビー	ragubī	rugby	bóng bầu dục
コンビニ	konbini	convenience store	cửa hàng tiện ích
かんぱいします	kanpai-shimasu	will toast	cụng ly

■ V ても いいです / なくても いいです

Indicates permission. Used when giving permission to someone or when asking for permission from someone.「なくてもいいです」indicates there is no need to do the action.

Example 1: 教室で　お弁当を　食べても　いいですか。(May I eat my lunch in the classroom?)
Example 2: まどを　閉めなくても　いいですか。(Is it alright if I don't close the window?)

■ ～までに

Used to indicate a time limit regarding a noun that indicates time.
※「～まで」indicates "Something always continuing until ~," but「～までに」indicates "Something occurring by ~."

Example 1: 今月の　15日までに　レポートを　出して　ください。
(Please submit your report by the 15th this month.)

Example 2: 金よう日までに　お金が　ひつようです。(I will need money by Friday.)

■ V ても いいです / なくても いいです

Thể hiện ý xin hay cho phép. Dùng khi cho phép ai đó hay xin phép ai đó.「なくてもいいです」là cách nói thể hiện không cần làm cái gì đó.

Ví dụ 1: 教室で　お弁当を　食べても　いいですか。(Em ăn cơm hộp ở trong lớp có được không?)
Ví dụ 2: まどを　閉めなくても　いいですか。(Em không đóng cửa có được không?)

■ ～までに

Đứng sau dành từ chỉ thời gian thể hiện thời hạn.
※「～まで」thể hiện "Một việc gì đó tiếp diễn liên tục cho đến tận「～」" còn「～までに」thể hiện một việc gì đó sẽ xảy ra trong khoảng thời gian đến「～」"

Ví dụ 1: 今月の　15日までに　レポートを　出して　ください。(Hãy nộp báo cáo đến hạn là ngày 15 tháng này.)
Ví dụ 2: 金よう日までに　お金が　ひつようです。(Tôi cần tiền đến thứ Sáu này.)

■ V ても いいです / なくても いいです

許可を表します。相手に許可するときや、相手に許可を求めるときに使います。「なくてもいいです」はそれをする必要がないことを表します。

れい1) 教室で　お弁当を　食べても　いいですか。
れい2) まどを　閉め　なくても　いいですか。

■ ～までに

時間を表す名詞などについて、期限を表します。
※「～まで」は「ある事柄が、～までの間ずっと継続すること」を表しますが、「～までに」は「ある事柄が、～までの間に起きること」を表します。

れい1) 今月の　15日までに　レポートを　出して　ください。
れい2) 金よう日までに　お金が　ひつようです。

Unit 11

新幹線の 中から 富士山を 見る ことが できます

Shinkansen no naka kara fujisan o miru koto ga dekimasu

You can see Mount Fuji from inside the Shinkansen
Từ trong tầu Shikansen có thể nhìn thấy núi Phú Sĩ đấy

～た ことが あります	～る ことが できます	名詞 修 飾節
~ta koto ga arimasu	~ru koto ga dekimasu	めいし しゅうしょくせつ

かいわ・1
Dialogue

ポール　　この　うたは　知って　いますか。

グエン　　ええ、きいた　ことが　あります。

Pōru　　Kono uta wa shitte imasu ka?
Guen　　Ē, kīta koto ga arimasu.

かいわ・2
Dialogue

マイカ　　北海道に　行った　ことは　ありますか。
ほっかいどう　　い

B　　　　いいえ、ありません。マイカさんは　ありますか。

マイカ　　はい、いちど　だけ　あります。スキーに　行きました。
い

B　　　　いいですね。わたしは　まだ　スキーを　した　ことが　ありません。

Maika　　Hokkaidō ni itta koto wa arimasu ka?
B　　　　Īe, arimasen. Maika-san wa arimasu ka?
Maika　　Hai, ichido dake arimasu. Sukī ni ikimashita.
B　　　　Īdesu ne. Watashi wa mada sukī o shita koto ga arimasen.

かいわ・3
Dialogue

A　　　　こんど、はじめて　新幹線に　乗ります。
しんかんせん　　の

B　　　　新幹線の　中から　富士山を　見る　ことが　できますよ。
しんかんせん　なか　　ふじさん　み

ぜひ、見て　ください。
み

A　　　　そうですか。わかりました。

A　　Kondo hajimete shinkansen ni norimasu.
B　　Shinkansen no naka kara Fuji-san o miru koto ga dekimasu yo.
　　Zehi, mite kudasai.
A　　Sō desu ka. Wakarimashita.

138

たなか　それは　何ですか。

ポール　友だちから　もらった　絵はがきです。

Tanaka　Sore wa nan desu ka?
Pōru　Tomodachi kara moratta ehagaki desu.

たなか　その　ネックレス、かわいいですね。だれかの　プレゼントですか。

ポール　いいえ。アルバイトで　ためた　お金で　買いました。

Tanaka　Sono nekkuresu, kawaī desu ne. Dare ka no purezento desu ka?
Pōru　Īe. Arubaito de tameta o-kane de kaimashita.

A　かれは、インドネシアから　来た　学生です。

B　そうですか。日本語がじょうずですね。

A　Kare wa indoneshia kara kita gakusē desu.
B　Sō desu ka. Nihongo ga jōzu desu ne.

❶ 京都に　行っ / その　人に　会っ　た　ことが　あります。

Kyōto ni it / Sono hito ni atta koto ga arimasu.

❷ さくらさんは、英語を　話す / ピアノを　ひく　ことが　できます。

Sakura-san wa, ēgo o hanasu / piano o hiku koto ga dekimasu.

新幹線の　中から　富士山を　見る　ことが　できます
Shinkansen no naka kara Fuji-san o miru koto ga dekimasu

139

❸ これは ┌じゅぎょうで 使う / 友だちに かりた / いま 読んで いる┐ 本です。

Kore wa jugyō de tsukau / tomodachi ni karita / ima yonde iru hon desu.

❹ ここは、┌母が 好きな / ケーキが おいしい┐ 店です。

Koko wa, haha ga suki na / kēki ga oishī mise desu.

ステップアップ！ Step Up 🎧33

1 できる
dekiru

わたしの 父は 英語が できます。スペイン語も 少し できます。
Watashi no chichi wa ēgo ga dekimasu. Supein-go mo sukoshi dekimasu.

——へえ、いいですね。

　　Hē, ī desu ne.

2 N が A＋N
ga

❶ ここは どんな お店ですか。

Koko wa donna o-mise desu ka?

——しずかで、コーヒーが おいしい 店です。

　　Shizuka de, kōhī ga oishī mise desu.

❷ ポールさんは、クラスで いちばん せが 高い 学生です。

Pōru-san wa, kurasu de ichiban se ga takai gakusē desu.

——ああ、あの 人ですね。

　　Ā, ano hito desu ne.

3 **～と 思います**
to omoimasu

❶ これは どうですか。5000円です。

Kore wa dō desu ka? gosen-en desu.

——うーん……。少し 高いと 思います。もう 少し 安いのが いいです。

Ūn…. Sukoshi takai to omoimasu. Mō sukoshi yasui no ga ī desu.

❷ あと 10分くらいで 着くと 思います。がんばりましょう。——はい。

Ato juppun-kurai de tsuku to omoimasu. Ganbarimashō. Hai.

4 **～へは**
e wa

❶ 空港へは どうやって 行きますか。

Kūkō e wa dōyatte ikimasu ka?

——ちかてつか バスです。バスが べんりですよ。

Chikatetsu ka basu desu. Basu ga benri desu yo.

❷ 田中さんとは 会った ことが ありますか。

Tanaka-san to wa atta koto ga arimasu ka?

——いえ。今日が はじめてです。

Ie. Kyō ga hajimete desu.

5 **～しか**
shika

❶ 今、1000円しか 持って いません。

Ima, sen-en shika motte imasen.

❷ この 車は 小さいですから、4人しか 乗る ことが できません。

Kono kuruma wa chīsai desu kara, yo-nin shika noru koto ga dekimasen.

1 ふつう形 (plain-form / dạng thường) を 書いて ください。　Jisho-kē (plain-form / dạng thường) o kaite kudasai.

飲みます nomimasu	れい) 飲む nomu	きれいです kirē desu	
書きました kakimashita		べんりでした benri deshita	
おわりません owarimasen		にぎやかじゃありません nigiyaka ja arimasen	
かいませんでした kaimasen deshita		ひまじゃ ありませんでした Hima ja arimasen deshita	
ありません arimasen		はれです Hare desu	
ありませんでした arimasen deshita		くもりでした kumori deshita	
たかいです takai desu		あめじゃ ありません ame ja arimasen	
おおきかったです ōkikatta desu		ゆきじゃ ありませんでした yuki ja arimasen deshita	
よくないです yokunai desu		たべても いいです tabete mo ī desu	
ひろくなかったです Hiroku nakatta desu		はいっては いけません haitte wa ikemasen	

2 **Write a sentence.** / **Hãy viết câu.**

れい) ベトナムの　フォー ／ 食べます
Rẽ)　Betonamu no fō　　　　tabemasu
　　→ベトナムの　フォーを　食べた　ことが　あります。
　　Betonamu no fō o tabeta koto ga arimasu.

① ほっかいどう ／ 行きます
Hokkaidō　　　ikimasu

→ ＿＿＿＿＿＿＿＿＿＿＿＿＿＿＿＿＿＿＿＿＿＿＿＿＿。

② この　店 ／ 来ます
kono mise　　kimasu

→ ＿＿＿＿＿＿＿＿＿＿＿＿＿＿＿＿＿＿＿＿＿＿＿＿＿。

③ かんこくりょうり ／ 作ります
Kankoku-ryōri　　　tsukurimasu

→ ＿＿＿＿＿＿＿＿＿＿＿＿＿＿＿＿＿＿＿＿＿＿＿＿＿。

④ 田中さんの　かぞく ／ 会います
Tanaka-san no kazoku　　aimasu

→ ＿＿＿＿＿＿＿＿＿＿＿＿＿＿＿＿＿＿＿＿＿＿＿＿＿。

3 **Turn the word into the appropriate form.** ／ Hãy chuyển từ sang thể thích hợp.

れい）　かんじを　少し（書きます→ 書く）ことが　できます。
Rê）　　Kanji o sukoshi (kakimasu → kaku) koto ga dekimasu.

① 山田さんは、中国語を（はなします→　　　）ことが　できます。
Yamada-san wa, chūgokugo o (hanashimasu →　) koto ga dekimasu.

② 日本語の　うたを（うたいます→　　　　）ことが　できます。
Nihongo no uta o (utaimasu →　) koto ga dekimasu.

③ この　しごとは　かんたんですから、ひとりで（します→　　　　）
ことが　できます。

Kono shigoto wa, kantan desu kara, hitori de (shimasu →　) koto ga dekimasu.

④ わたしは、みそしるを（つくります→　　　　）ことが　できません。

Watashi wa, misoshiru o (tsukurimasu →　) koto ga dekimasen.

143

Choose a word from ☐ and enter it in an appropriate form.
Hãy chọn từ rồi chuyển sang thể thích hợp và điền vào.

れい）　こうえんで、サッカーを　（　する　）　ことが　できません。
Rê ）　　　Kōen de, sakkā o (suru) koto ga dekimasen.

① この　レストランは、インターネットで　（　　　　　　　）　ことが
できますよ。

Kono resutoran wa, intānetto de (　　) koto ga dekimasu yo.

② ロビーで、たばこを　（　　　　　　）　ことが　できません。

Robī de, tabako o (　　) koto ga dekimasen.

③ この　店は、クレジットカードを　（　　　　　　）　ことが　できます。
　　　みせ

Kono mise wa, kurejitto kādo o (　　) koto ga dekimasu.

④ えきまえの　カフェは、おいしいコーヒーを　（　　　　　）　ことが
できますよ。

Eki mae no kafe wa, oishī kōhī o (　　) koto ga dekimasu yo.

~~します~~	つかいます	のみます	すいます	よやくします
shimasu	tsukaimasu	nomimasu	suimasu	yoyaku-shimasu

絵を　見て、文を　書いて　ください。　　E o mite, bun o kaite kudasai.
え　　み　　ぶん　か

れい1）どの　人ですか。
Rê 1)　　ひと
　　　　Dono hito desu ka?

→ ケーキを　食べて　いる　女の　人です。
　　　　　　た　　　　　おんな　ひと
Kēki o tabete iru onna no hito desu.

れい2）リサ
Rê 1)　　Risa

→ ケーキを　食べて　いる　人は　だれですか。
　　　　　　た　　　　　ひと
Kēki o tabete iru hito wa dare desu ka?

──マリアさんです。
Maria-san desu.

 ①
 ②
 ③
 ④

1）どの 人ですか。（→こたえの 文を 書いて ください）
Dono hito desu ka?　Kotae no bun o kaite kudasai.

① ____ 。

② ____ 。

③ ____ 。

④ ____ 。

2）しつもんと こたえの 文を 書いて ください。　Shitsumon to kotae no bun o kaite kudasai.

① スミス　→ ____ 。
Sumisu
—— ____ 。

② さとう　→ ____ 。
Satō
—— ____ 。

③ はやし　→ ____ 。
Hayashi
—— ____ 。

④ まつもと　→ ____ 。
Matsumoto
—— ____ 。

6 **Choose a word from ☐ and enter it in an appropriate form.**
Hãy chọn từ rồi chuyển sang thể thích hợp và điền vào.

れい）　あと　10分くらいで　しごとが　（　おわる　）と　思います。
Rẽ）　Ato juppun kurai de shigoto ga　　owaru　　to omoimasu.

① 田中さんは、きょう（　　　　　　　）と　思います。
Tanaka-san wa, kyō　　　　　　　　　to omoimasu.

② さくらさんは、来月　20歳に（　　　　　　）と　思います。
Sakura-san wa, raigetsu hatachi ni　　　　　to omoimasu.

③ あしたは、ゆきが（　　　　　）と　思います。
Ashita wa, yuki ga　　　　　　to omoimasu.

④ その　ことは、たぶん　だれも（　　　　　　）と　思います。
Sono koto wa, tabun dare mo　　　　　　to omoimasu.

おわります	ふります	来ません
owarimasu	furimasu	kimasen
知りません	なります	知っています
shirimasen	narimasu	shitte imasu

7 **Turn the word into the appropriate form.** ／ Hãy chuyển từ sang thể thích hợp.

れい）　この　店の　カレーは　すごく　（おいしいです→おいしい）と　思います。
Rẽ）　Kono mise no karē wa sugoku （oishī desu → oishī）　to omoimasu.

① 日ようび、えいがを　見に　（行きたいです→　　　　　）と　思います。
Nichiyōbi, ēga o mi ni （ikitai desu →　　　） to omoimasu.

② 1万円ですか。ちょっと　（高いです→　　　　　）と　思います。
Ichiman-en desu ka. Chotto （takai desu →　　　） to omoimasu.

③ その　はなしは、（うそです→　　　　　）と　思います。
Sono hanashi wa, （uso desu →　　　） to omoimasu.

④ びょういんに　（行かなくても　いいです→　　　　　）と　思います。
Byōin ni （ikanakute mo ī deu →　　　） to omoimasu.

ワン	UFOを 見た ことが ありますか。
さくら	いいえ。わたしは ありません。ワンさんは ありますか。
ワン	はい、1回だけ あります。
さくら	ほんとうですか。
ワン	ええ。
さくら	どんな UFOですか。
ワン	さいしょは ひこうきだと 思いました。でも、ひこうきより もっと はやかったです。それと、さいしょは 1つでしたが、2つに なったり、4つに なったり しました。そして、きえました。
さくら	へえ、ふしぎですね。

Wan	Yūfō o mita koto ga arimasu ka?
Sakura	Īe. Watashi wa arimasen. Wan-san wa arimasu ka?
Wan	Hai, ikkai dake arimasu.
Sakura	Hontō desu ka?
Wan	Ē.
Sakura	Donna yūfō desu ka?
Wan	Saisho wa hikōki da to omoimashita. Demo, hikōki yori motto hayakatta desu. Soreto, saisho wa hitotsu deshita ga, futatsu ni nattari, yottsu ni nattari shimashita. Soshite, kiemashita.
Sakura	Hē, fushigi desu ne.

Unit
11
新幹線の 中から 富士山を 見る ことが できます
Shinkansen no naka kara Fuji-san o miru koto ga dekimasu

あたらしいことば
New words and expressions

ネックレス	nekkuresu	necklace	vòng cổ
ためます	tamemasu	will save	để dành
スペイン語	supeingo	Spanish	tiếng Tây Ba Nha
UFO	yūfō	UFO	UFO
ほんとう	hontō	really	thật, thật sự
オレンジ	orenji	orange	cam
はやい ［速い］	hayai	fast; quick	nhanh
きえます	kiemasu	will disappear	biến mất
ふしぎ（な）	fushigi (na)	strange; mysterious	kì lạ

ふくしゅうノート
Review Notes　Sổ tay ôn tập

■ 〜た ことが あります

Used when describing whether one has experience or not in something.「〜度」is also used to describe number of times.

> Example 1: 京都には　2度　行った　ことが　あります。(I have been to Kyoto two times.)
> Example 2: これを　食べた　ことが　ありますか。—— いいえ、一度も　ありません。
> (Have you eaten this before? –No, not a single time.)

■ Noun modifier clauses

An expression that modifies a noun clause inside a sentence. These use regular form, not「です・ます」. The postpositional particle「は」becomes「が」or「の」.

> Example 1:「これは　本です」+「田中さんは　この　本を　書きました」
> ⇒これは　田中さんが　書いた　本です。
> Example 2:「グエンさんは　ベトナムから　来ました」+「グエンさんは　学生です」
> ⇒グエンさんは　ベトナムから　来た　学生です。

- -

■ 〜た ことが あります

Dùng khi nói rằng có kinh nghiệm hay không. Cũng có thể dùng với「〜度」để nói về số lần.

> Ví dụ 1: 京都には　2度　行った　ことが　あります。(Tôi đã đi Kyoto hai lần.)
> Ví dụ 2: これを　食べた　ことが　ありますか。—— いいえ、一度も　ありません。
> (Cậu đã ăn cái này bao giờ chưa? –Chưa, chưa ăn bao giờ.)

■ A Cụm bổ nghĩa cho danh từ

Là cách bổ nghĩa cho cụm danh từ trong câu. Không dùng「です・ます」mà dùng thể thường. Trợ từ「は」sẽ được thay bằng「が」hay「の」.

> Ví dụ 1:「これは　本です」+「田中さんは　この　本を　書きました」
> ⇒これは　田中さんが　書いた　本です。
> Ví dụ 2:「グエンさんは　ベトナムから　来ました」+「グエンさんは　学生です」
> ⇒グエンさんは　ベトナムから　来た　学生です。

■ 〜たことがあります

経験の有無を述べるときに使います。「〜度」と回数を述べることもあります。

> れい1）京都には　2度　行った　ことが　あります。
> れい2）これを　食べた　ことが　ありますか。—— いいえ、一度も　ありません。

■ 名詞修飾節

文の中にある名詞句を修飾する表現です。「です・ます」は使わず、ふつう形を使います。助詞の「は」が、「が」または「の」になります。

> れい1）「これは　本です」+「田中さんは　この　本を　書きました」
> ⇒これは　田中さんが　書いた　本です。
> れい2）「グエンさんは　ベトナムから　来ました」+「グエンさんは　学生です」
> ⇒グエンさんは　ベトナムから　来た　学生です。

❶ たなか どうして　おそく　なりましたか。

ポール 電車が　止まったからです。

Tanaka　Dōshite osoku narimashita ka?
Pōru　Densha ga tomatta kara desu.

❷ さくら どうして　その　ホテルに　しましたか。

ワン 駅に　近くて、べんりだからです。

Sakura　Dōshite sono hoteru ni shimashita ka?
Wan　Eki ni chikakute, benri da kara desu.

❸ ポール あついから、きのうは　ずっと　家に　いました。

Pōru　Atsui kara, kinō wa zutto ie ni imashita.

Wording that uses regular form
cách nói sử dụng dạng thường
ふつう形を 使った 言い方

Aです＋から。　⇒　A＋からです。

NA です＋から。　⇒　NA だ＋からです。

N です＋から。　⇒　N だ＋からです。

V ます＋から。　⇒　V ル＋からです。

V ました＋から。　⇒　V タ＋からです。

ナイです＋から。　⇒　ナイ＋からです。

→ 「ふつう形」など　p.154〜p.165

がくしゅうの しりょう

Learning Materials

Tài liệu học tập

どうし（V）① Verb ①／Động từ ①

group	Word Từ vựng	Meaning Ý nghĩa	Non-Past／Thể hiện tại		Past／Thể quá khứ	
			Affirmative Khẳng định	Negative Phủ định	Affirmative Khẳng định	Negative Phủ định
I	あいます	meet, see có	あいます	あいません	あいました	あいませんでした
	あるきます	walk đi bộ	あるきます	あるきません	あるきました	あるきませんでした
	いきます	go đi bộ	いきます	いきません	いきました	いきませんでした
	かいます	buy mua	かいます	かいません	かいました	かいませんでした
	かえります	go back về	かえります	かえりません	かえりました	かえりませんでした
	かきます	write viết	かきます	かきません	かきました	かきませんでした
	かります	borrow mượn	かります	かりません	かりました	かりませんでした
	ききます	listen, hear nghe	ききます	ききません	ききました	ききませんでした
	つきます	arrive đến nơi	つきます	つきません	つきました	つきませんでした
	のみます	drink uống	のみます	のみません	のみました	のみませんでした
	のります	ride, get on lên xe	のります	のりません	のりました	のりませんでした
	はなします	speak, talk nói chuyện	はなします	はなしません	はなしました	はなしませんでした
	やすみます	rest nghỉ ngơi	やすみます	やすみません	やすみました	やすみませんでした
	よみます	read đọc	よみます	よみません	よみました	よみませんでした
	わかります	understand hiểu	わかります	わかりません	わかりました	わかりませんでした
II	あけます	open mở	あけます	あけません	あけました	あけませんでした
	おきます	wake up ngủ dậy	おきます	おきません	おきました	おきませんでした
	おぼえます	remember nhớ	おぼえます	おぼえません	おぼえました	おぼえませんでした
	きます	wear mặc	きます	きません	きました	きませんでした
	しめます	close đóng	しめます	しめません	しめました	しめませんでした
	たべます	eat ăn	たべます	たべません	たべました	たべませんでした
	ねます	sleep ngủ	ねます	ねません	ねました	ねませんでした
	はじめます	begin, start bắt đầu	はじめます	はじめません	はじめました	はじめませんでした
	みます	watch, see nhìn	みます	みません	みました	みませんでした
	わすれます	forget quên	わすれます	わすれません	わすれました	わすれませんでした
III	きます	come đến	きます	きません	きました	きませんでした
	します	do làm	します	しません	しました	しませんでした

Group	Word Từ vựng	Meaning Ý nghĩa	Non-Past / Thể hiện tại		Past / Thể quá khứ	
			Affirmative Khẳng định	Negative Phủ định	Affirmative Khẳng định	Negative Phủ định
I	aimasu	meet, see có	ai masu	ai masen	ai mashita	ai masen deshita
	arukimasu	walk đi bộ	aruki masu	aruki masen	aruki mashita	aruki masen deshita
	ikimasu	go đi bộ	iki masu	iki masen	iki mashita	iki masen deshita
	kaimasu	buy mua	kai masu	kai masen	kai mashita	kai masen deshita
	kaerimasu	go back về	kaeri masu	kaeri masen	kaeri mashita	kaeri masen deshita
	kakimasu	write viết	kaki masu	kaki masen	kaki mashita	kaki masen deshita
	karimasu	borrow mượn	kari masu	kari masen	kari mashita	kari masen deshita
	kikimasu	listen, hear nghe	kiki masu	kiki masen	kiki mashita	kiki masen deshita
	tsukimasu	arrive đến nơi	tsuki masu	tsuki masen	tsuki mashita	tsuki masen deshita
	nomimasu	drink uống	nomi masu	nomi masen	nomi mashita	nomi masen deshita
	norimasu	ride, get on lên xe	nori masu	nori masen	nori mashita	nori masen deshita
	hanashimasu	speak, talk nói chuyện	hanashi masu	hanashi masen	hanashi mashita	hanashi masen deshita
	yasumimasu	rest nghỉ ngơi	yasumi masu	yasumi masen	yasumi mashita	yasumi masen deshita
	yomimasu	read đọc	yomi masu	yomi masen	yomi mashita	yomi masen deshita
	wakarimasu	understand hiểu	wakari masu	wakari masen	wakari mashita	wakari masen deshita
II	akemasu	open mở	ake masu	ake masen	ake mashita	ake masen deshita
	okimasu	wake up ngủ dậy	oki masu	oki masen	oki mashita	oki masen deshita
	oboemasu	remember nhớ	oboe masu	oboe masen	oboe mashita	oboe masen deshita
	kimasu	wear mặc	ki masu	ki masen	ki mashita	ki masen deshita
	shimemasu	close đóng	shime masu	shime masen	shime mashita	shime masen deshita
	tabemasu	eat ăn	tabe masu	tabe masen	tabe mashita	tabe masen deshita
	nemasu	sleep ngủ	ne masu	ne masen	ne mashita	ne masen deshita
	hajimemasu	begin, start bắt đầu	hajime masu	hajime masen	hajime mashita	hajime masen deshita
	mimasu	watch, see nhìn	mi masu	mi masen	mi mashita	mi masen deshita
	wasuremasu	forget quên	wasure masu	wasure masen	wasure mashita	wasure masen deshita
III	kimasu	come đến	ki masu	ki masen	ki mashita	ki masen deshita
	shimasu	do làm	shi masu	shi masen	shi mashita	shi masen deshita

どうし（V）②—ふつう形 Verb ②—plain-form ／ Động từ ②—dạng thường
けい

Group	Word Từ vựng	Meaning Ý nghĩa	Plain-form ／ Dạng thường			
			Non-Past／Thể hiện tại		Past／Thể quá khứ	
			Affirmative Khẳng định	Negative Phủ định	Affirmative Khẳng định	Negative Phủ định
I	会う	meet, see có	あう	あわない	あった	あわなかった
	歩く	walk đi bộ	あるく	あるかない	あるいた	あるかなかった
	行く	go đi bộ	いく	いかない	いった	いかなかった
	買う	buy mua	かう	かわない	かった	かわなかった
	帰る	go back về	かえる	かえらない	かえった	かえらなかった
	書く	write viết	かく	かかない	かいた	かかなかった
	借りる	borrow mượn	かりる	かりない	かりた	かりなかった
	聞く	listen, hear nghe	きく	きかない	きいた	きかなかった
	着く	arrive đến nơi	つく	つかない	ついた	つかなかった
	飲む	drink uống	のむ	のまない	のんだ	のまなかった
	乗る	ride, get on lên xe	のる	のらない	のった	のらなかった
	話す	speak, talk nói chuyện	はなす	はなさない	はなした	はなさなかった
	休む	rest nghỉ ngơi	やすむ	やすまない	やすんだ	やすまなかった
	読む	read đọc	よむ	よまない	よんだ	よまなかった
	わかる	understand hiểu	わかる	わからない	わかった	わからなかった
II	開ける	open mở	あける	あけない	あけた	あけなかった
	起きる	wake up ngủ dậy	おきる	おきない	おきた	おきなかった
	おぼえる	remember nhớ	おぼえる	おぼえない	おぼえた	おぼえなかった
	着る	wear mặc	きる	きない	きた	きなかった
	閉める	close đóng	しめる	しめない	しめた	しめなかった
	食べる	eat ăn	たべる	たべない	たべた	たべなかった
	ねる	sleep ngủ	ねる	ねない	ねた	ねなかった
	始める	begin, start bắt đầu	はじめる	はじめない	はじめた	はじめなかった
	見る	watch, see nhìn	みた	みない	みた	みなかった
	わすれる	forget quên	わすれる	わすれない	わすれた	わすれなかった
III	来る	come đến	くる	こない	きた	こなかった
	する	do làm	する	しない	した	しなかった

Group	Word / Từ vựng	Meaning / Ý nghĩa	Plain-form / Dạng thường			
			Non-Past / Thể hiện tại	Past / Thể quá khứ	Non-Past / Thể hiện tại	Past / Thể quá khứ
			Affirmative / Khẳng định	Negative / Phủ định	Affirmative / Khẳng định	Negative / Phủ định
I	aimasu	meet, see / có	ai masu	ai masen	ai mashita	ai masen deshita
	arukimasu	walk / đi bộ	aruki masu	aruki masen	aruki mashita	aruki masen deshita
	ikimasu	go / đi bộ	iki masu	iki masen	iki mashita	iki masen deshita
	kaimasu	buy / mua	kai masu	kai masen	kai mashita	kai masen deshita
	kaerimasu	go back / về	kaeri masu	kaeri masen	kaeri mashita	kaeri masen deshita
	kakimasu	write / viết	kaki masu	kaki masen	kaki mashita	kaki masen deshita
	karimasu	borrow / mượn	kari masu	kari masen	kari mashita	kari masen deshita
	kikimasu	listen, hear / nghe	kiki masu	kiki masen	kiki mashita	kiki masen deshita
	tsukimasu	arrive / đến nơi	tsuki masu	tsuki masen	tsuki mashita	tsuki masen deshita
	nomimasu	drink / uống	nomi masu	nomi masen	nomi mashita	nomi masen deshita
	norimasu	ride, get on / lên xe	nori masu	nori masen	nori mashita	nori masen deshita
	hanashimasu	speak, talk / nói chuyện	hanashi masu	hanashi masen	hanashi mashita	hanashi masen deshita
	yasumimasu	rest / nghỉ ngơi	yasumi masu	yasumi masen	yasumi mashita	yasumi masen deshita
	yomimasu	read / đọc	yomi masu	yomi masen	yomi mashita	yomi masen deshita
	wakarimasu	understand / hiểu	wakari masu	wakari masen	wakari mashita	wakari masen deshita
II	akemasu	open / mở	ake masu	ake masen	ake mashita	ake masen deshita
	okimasu	wake up / ngủ dậy	oki masu	oki masen	oki mashita	oki masen deshita
	oboemasu	remember / nhớ	oboe masu	oboe masen	oboe mashita	oboe masen deshita
	kimasu	wear / mặc	ki masu	ki masen	ki mashita	ki masen deshita
	shimemasu	close / đóng	shime masu	shime masen	shime mashita	shime masen deshita
	tabemasu	eat / ăn	tabe masu	tabe masen	tabe mashita	tabe masen deshita
	nemasu	sleep / ngủ	ne masu	ne masen	ne mashita	ne masen deshita
	hajimemasu	begin, start / bắt đầu	hajime masu	hajime masen	hajime mashita	hajime masen deshita
	mimasu	watch, see / nhìn	mi masu	mi masen	mi mashita	mi masen deshita
	wasuremasu	forget / quên	wasure masu	wasure masen	wasure mashita	wasure masen deshita
III	kimasu	come / đến	ki masu	ki masen	ki mashita	ki masen deshita
	shimasu	do / làm	shi masu	shi masen	shi mashita	shi masen deshita

どうし（V）③ーいろいろな活用形　Verb ③—Various conjugations
かつようけい
Động từ ③—Nhiều dạng hoạt dụng

group	Word **Từ vựng**	Meaning **Ý nghĩa**	Dictionary form **Dạng ngắn**	masu-form **Thể ます**	nai-form **Thể ない**	ta-form **Thể た**	te-form **Thể て**
I	会う	meet, see có	あう	あいます	あわない	あった	あって
	歩く	walk đi bộ	あるく	あるきます	あるかない	あるいた	あるいて
	行く	go đi bộ	いく	いきます	いかない	いった	いって
	買う	buy mua	かう	かいます	かわない	かった	かって
	帰る	go back về	かえる	かえります	かえらない	かえった	かえって
	書く	write viết	かく	かきます	かかない	かいた	かいて
	借りる	borrow mượn	かりる	かります	かりない	かりた	かりて
	聞く	listen, hear nghe	きく	ききます	きかない	きいた	きいて
	着く	arrive đến nơi	つく	つきます	つかない	ついた	ついて
	飲む	drink uống	のむ	のみます	のまない	のんだ	のんで
	乗る	ride, get on lên xe	のる	のります	のらない	のった	のって
	話す	speak, talk nói chuyện	はなす	はなします	はなさない	はなした	はなして
	休む	rest nghỉ ngơi	やすむ	やすみます	やすまない	やすんだ	やすんで
	読む	read đọc	よむ	よみます	よまない	よんだ	よんで
	わかる	understand hiểu	わかる	わかります	わからない	わかった	わかって
II	開ける	open mở	あける	あけます	あけない	あけた	あけて
	起きる	wake up ngủ dậy	おきる	おきます	おきない	おきた	おきて
	おぼえる	remember nhớ	おぼえる	おぼえます	おぼえない	おぼえた	おぼえて
	着る	wear mặc	きる	きます	きない	きた	きて
	閉める	close đóng	しめる	しめます	しめない	しめた	しめて
	食べる	eat ăn	たべる	たべます	たべない	たべた	たべて
	ねる	sleep ngủ	ねる	ねます	ねない	ねた	ねて
	始める	begin, start bắt đầu	はじめる	はじめます	はじめない	はじめた	はじめて
	見る	watch, see nhìn	みる	みます	みない	みた	みて
	わすれる	forget quên	わすれる	わすれます	わすれない	わすれた	わすれて
II	来る	come đến	くる	きます	こない	きた	きて
	する	do làm	する	します	しない	した	して

group	Word Từ vựng	Meaning Ý nghĩa	Dictionary form Dạng ngắn	masu-form Thể ます	nai-form Thể ない	ta-form Thể た	te-form Thể て
I	au	meet, see có	au	aimasu	awanai	atta	atte
	aruku	walk đi bộ	aruku	arukimasu	arukanai	aruita	aruite
	iku	go đi bộ	iku	ikimasu	ikanai	itta	itte
	kau	buy mua	kau	kaimasu	kawanai	katta	katte
	kaeru	go back về	kaeru	kaerimasu	kaeranai	kaetta	kaette
	kaku	write viết	kaku	kakimasu	kakanai	kaita	kaite
	kariru	borrow mượn	kariru	karimasu	karinai	karita	karite
	kiku	listen, hear nghe	kiku	kikimasu	kikanai	kīta	kīte
	tsuku	arrive đến nơi	tsuku	tsukimasu	tsukanai	tsuita	tsuite
	nomu	drink uống	nomu	nomimasu	nomanai	nonda	nonde
	noru	ride, get on lên xe	noru	norimasu	noranai	notta	notte
	hanasu	speak, talk nói chuyện	hanasu	hanashisu	hanasanai	hanashita	hanashite
	yasumu	rest nghỉ ngơi	yasumu	yasumimasu	yasumanai	yasunda	yasunde
	yomu	read đọc	yomu	yomimasu	yomanai	yonda	yonde
	wakaru	understand hiểu	wakaru	wakarimasu	wakaranai	wakatta	wakatte
II	akeru	open mở	akeru	akemasu	akenai	aketa	akenakatta
	okiru	wake up ngủ dậy	okiru	okimasu	okinai	okita	okite
	oboeru	remember nhớ	oboeru	oboemasu	oboenai	oboeta	oboenakatta
	kiru	wear mặc	kiru	kimasu	kinai	kita	kinakatta
	shimeru	close đóng	shimeru	shimemasu	shimenai	shimeta	shimenakatta
	taberu	eat ăn	taberu	tabemasu	tabenai	tabeta	tabenakatta
	neru	sleep ngủ	neru	nemasu	nenai	neta	nenakatta
	hajimeru	begin, start bắt đầu	hajimeru	hajimemasu	hajimenai	hajimeta	hajimenakatta
	miru	watch, see nhìn	miru	mimasu	minai	mita	minakatta
	wasureru	forget quên	wasureru	wasuremasu	wasurenai	wasureta	wasurenakatta
III	kuru	come đến	kuru	kimasu	konai	kita	kite
	suru	do làm	suru	shimasu	sinai	shita	shite

い - けいようし I-adjective ／ Tính từ i

Word Từ vựng	Meaning Ý nghĩa	Non-Past／Thể hiện tại		Past／Thể quá khứ	
		Affirmative／Khẳng định (+desu)	Negative／Phủ định (+desu)	Affirmative／Khẳng định (+desu)	Negative／Phủ định (+desu)
明るい	bright sáng	あかるいです	あかるくありません	あかるかったです	あかるくありませんでした
新しい	new mới	あたらしいです	あたらしくありません	あたらしかったです	あたらしくありませんでした
暑い	hot nóng	あついです	あつくありません	あつかったです	あつくありませんでした
危ない	dangerous nguy hiểm	あぶないです	あぶなくありません	あぶなかったです	あぶなくありませんでした
いい	good/fine tốt/đẹp/ổn	いいです	よくありません	よかったです	よくありませんでした
いそがしい	busy bận rộn	いそがしいです	いそがしくありません	いそがしかったです	いそがしくありませんでした
おいしい	delicious/tasty ngon	おいしいです	おいしくありません	おいしかったです	おいしくありませんでした
大きい	big to lớn	おおきいです	おおきくありません	おおきかったです	おおきくありませんでした
重い	hevy nặng	おもいです	おもくありません	おもかったです	おもくありませんでした
おもしろい	interesting/fun thú vị	おもしろいです	おもしろくありません	おもしろかったです	おもしろくありませんでした
軽い	light/lightweight nhẹ	かるいです	かるくありません	かるかったです	かるくありませんでした
かわいい	cute dễ thương	かわいいです	かわいくありません	かわいかったです	かわいくありませんでした
さむい	cold[weather] lạnh	さむいです	さむくありません	さむかったです	さむくありませんでした
高い	expensive/hight cao/đắt	たかいです	たかくありません	たかかったです	たかくありませんでした
たのしい	enjyoyable/fun vui vẻ	たのしいです	たのしくありません	たのしかったです	たのしくありませんでした
小さい	small nhỏ	ちいさいです	ちいさくありません	ちいさかったです	ちいさくありませんでした
近い	close/near gần	ちかいです	ちかくありません	ちかかったです	ちかくありませんでした
冷たい	cold [thing] lạnh	つめたいです	つめたくありません	つめたかったです	つめたくありませんでした
とおい	far xa	とおいです	とおくありません	とおかったです	とおくありませんでした
長い	long dài	ながいです	ながくありません	ながかったです	ながくありませんでした
広い	wide/large rộng lớn	ひろいです	ひろくありません	ひろかったです	ひろくありませんでした
古い	old cũ	ふるいです	ふるくありません	ふるかったです	ふるくありませんでした
短い	short ngắn	みじかいです	みじかくありません	みじかかったです	みじかくありませんでした
むずかしい	difficult khó	むずかしいです	むずかしくありません	むずかしかったです	むずかしくありませんでした
やさしい	easy/kind dễ/tốt bụng	やさしいです	やさしくありません	やさしかったです	やさしくありませんでした
安い	cheap rẻ	やすいです	やすくありません	やすかったです	やすくありませんでした

Plain-form ／ Ａい ＋ N (noun modification / bổ nghĩa cho danh từ)				
Non-Past／**Thể hiện tại**		Past／**Thể quá khứ**		te-form **Thể て**
Affirmative／**Khẳng định** (+desu)	Negative／**Phủ định** (+desu)	Affirmative／**Khẳng định** (+desu)	Negative／**Phủ định** (+desu)	
あかるい	あかるくない	あかるかった	あかるくなかった	あかるくて
あたらしい	あたらしくない	あたらしかった	あたらしくなかった	あたらして
あつい	あつくない	あつかった	あつくなかった	あつくて
あぶない	あぶなくない	あぶなかった	あぶなくなかった	あぶなくて
いい	よくない	よかった	よくなかった	よくて
いそがしい	いそがしくない	いそがしかった	いそがしくなかった	いそがしくて
おいしい	おいしくない	おいしかった	おいしくなかった	おいしくて
おおきい	おおきくない	おおきかった	おおきくなかった	おおきくて
おもい	おもくない	おもかった	おもくなかった	おもくて
おもしろい	おもしろくない	おもしろかった	おもしろくなかった	おもしろくて
かるい	かるくない	かるかった	かるくなかった	かるくて
かわいい	かわいくない	かわいかった	かわいくなかった	かわいくて
さむい	さむくない	さむかった	さむくなかった	さむくて
たかい	たかくない	たかかった	たかくなかった	たかくて
たのしい	たのしくない	たのしかった	たのしくなかった	たのしくて
ちいさい	ちいさくない	ちいさかった	ちいさくなかった	ちいさくて
ちかい	ちかくない	ちかかった	ちかくなかった	ちかくて
つめたい	つめたくない	つめたかった	つめたくなかった	つめたくて
とおい	とおくない	とおかった	とおくなかった	とおくて
ながい	ながくない	ながかった	ながくなかった	ながくて
ひろい	ひろくない	ひろかった	ひろくなかった	ひろくて
ふるい	ふるくない	ふるかった	ふるくなかった	ふるくて
みじかい	みじかくない	みじかかった	みじかくなかった	みじかくて
むずかしい	むずかしくない	むずかしかった	むずかしくなかった	むずかしくて
やさしい	やさしくない	やさしかった	やさしくなかった	やさしくて
やすい	やすくない	やすかった	やすくなかった	やすくて

い - けいようし I-adjective／Tính từ i

Word Từ vựng	Meaning Ý nghĩa	Non-Past／Thể hiện tại		Past／Thể quá khứ	
		Affirmative／Khẳng định (+desu)	Negative／Phủ định (+desu)	Affirmative／Khẳng định (+desu)	Negative／Phủ định (+desu)
akarui	bright sáng	akarui desu	akaruku arimasen	akarukatta desu	akarukunakatta desu
atarashī	new mới	atarashī desu	atarashiku arimasen	atarashikatta desu	atarashikunakatta desu
atsui	hot nóng	atsui desu	atsuku arimasen	atsukatta desu	atsukunakatta desu
abunai	dangerous nguy hiểm	abunai desu	abunaku arimasen	abunakatta desu	abunakunakatta desu
ī	good/fine tốt/đẹp/ổn	ī desu	yoku arimasen	yokatta desu	yokunakatta desu
isogashī	busy bận rộn	isogasii desu	isogashiku arimasen	isogashikatta desu	isogashikunakatta desu
oishī	delicious/tasty ngon	oishī desu	oishiku arimasen	oishikatta desu	oishikunakatta desu
ōkī	big to lớn	ōkī desu	ōkiku arimasen	ōkikatta desu	ōkikunakatta desu
omoi	hevy nặng	omoi desu	omoku arimasen	omokatta desu	omokunakatta desu
omoshiroi	interesting/fun thú vị	omoshiroi desu	omoshiroku arimasen	omoshirokatta desu	omoshirokunakatta desu
karui	light/lightweight nhẹ	karui desu	karuku arimasen	karukatta desu	karukunakatta desu
kawaī	cute dễ thương	kawaī desu	kawaiku arimasen	kawaikatta desu	kawaikunakatta desu
samui	cold[weather] lạnh	samui desu	samuku arimasen	samukatta desu	samukunakatta desu
takai	expensive/hight cao/đắt	takai desu	takaku arimasen	takakatta desu	takakunakatta desu
tanoshī	enjyoyable/fun vui vẻ	tanoshī desu	tanoshiku arimasen	omoshirokatta desu	tanoshikunakatta desu
chīsai	small nhỏ	chīsai desu	chīsaku arimasen	chīsakatta desu	chīsakunakatta desu
chikai	close/near gần	chikai desu	chikaku arimasen	chikakatta desu	chikakunakatta desu
tsumetai	cold [thing] lạnh	tsumetai desu	tsumetaku arimasen	tsumetakatta desu	tsumetakunakatta desu
tōi	far xa	tōi desu	tōku arimasen	tōkatta desu	tōkunakatta desu
nagai	long dài	nagai desu	nagaku arimasen	nagakatta desu	nagakunakatta desu
hiroi	wide/large rộng lớn	hiroi desu	hiroku arimasen	hirokatta desu	hirokunakatta desu
furui	old cũ	furui desu	furuku arimasen	furukatta desu	furukunakatta desu
mijikai	short ngắn	mijikai desu	mijikaku arimasen	mijikakatta desu	mijikakunakatta desu
muzukashī	difficult khó	muzukashī desu	muzukashiku arimasen	muzukashikatta desu	muzukashikunakatta desu
yasashī	easy/kind dễ/tốt bụng	yasashī desu	yasashiku arimasen	yasashikatta desu	yasashikunakatta desu
yasui	cheap rẻ	yasui desu	yasuku arimasen	yasukatta desu	yasukunakatta desu

<table>
<tr><td colspan="5" align="center">Plain-form ／ A い ＋ N （noun modification ／ bổ nghĩa cho danh từ）</td></tr>
<tr><td colspan="2" align="center">Non-Past／Thể hiện tại</td><td colspan="2" align="center">Past／Thể quá khứ</td><td rowspan="2" align="center">te-form
Thể て</td></tr>
<tr><td>Affirmative／Khẳng định
(+desu)</td><td>Negative／Phủ định
(+desu)</td><td>Affirmative／Khẳng định
(+desu)</td><td>Negative／Phủ định
(+desu)</td></tr>
<tr><td>akarui</td><td>akarukunai</td><td>akarukatta</td><td>akarukunakatta</td><td>akarukute</td></tr>
<tr><td>atarashī</td><td>atarashikunai</td><td>atarashikatta</td><td>atarashikunakatta</td><td>atarashikute</td></tr>
<tr><td>atsui</td><td>atsukunai</td><td>atsukatta</td><td>atsukunakatta</td><td>atsukute</td></tr>
<tr><td>abunai</td><td>abunakunai</td><td>abunakatta</td><td>abunakunakatta</td><td>abunakute</td></tr>
<tr><td>ī</td><td>yokunai</td><td>yokatta</td><td>yokunakatta</td><td>yokute</td></tr>
<tr><td>isogashī</td><td>isogashikunai</td><td>isogashikatta</td><td>isogashikunakatta</td><td>isogashikute</td></tr>
<tr><td>oishī</td><td>oishikunai</td><td>oishikatta</td><td>oishikunakatta</td><td>oishikute</td></tr>
<tr><td>ōkī</td><td>ōkikunai</td><td>ōkikatta</td><td>ōkikunakatta</td><td>ōkikute</td></tr>
<tr><td>omoi</td><td>omoi</td><td>omokatta</td><td>omokunakatta</td><td>omokute</td></tr>
<tr><td>omoshiroi</td><td>omosiokunai</td><td>omoshirokatta</td><td>omoshirokunakatta</td><td>omoshirokute</td></tr>
<tr><td>karui</td><td>karukunai</td><td>karukatta</td><td>karukunakatta</td><td>karukute</td></tr>
<tr><td>kawaī</td><td>kawaikunai</td><td>kawaikatta</td><td>kawaikunakatta</td><td>kawaikute</td></tr>
<tr><td>samui</td><td>samukunai</td><td>samukatta</td><td>samukunakatta</td><td>samukute</td></tr>
<tr><td>takai</td><td>takakunai</td><td>takakatta</td><td>takakunakatta</td><td>takakute</td></tr>
<tr><td>tanoshī</td><td>tanoshikunai</td><td>tanoshikatta</td><td>tanoshikunakatta</td><td>tanoshikute</td></tr>
<tr><td>chīsai</td><td>chīsakunai</td><td>chīsakatta</td><td>chīsakunakatta</td><td>chīsakute</td></tr>
<tr><td>chikai</td><td>chikakunai</td><td>chikakatta</td><td>chikakunakatta</td><td>chikakute</td></tr>
<tr><td>tsumetai</td><td>tsumetakunai</td><td>tsumetakatta</td><td>tsumetakunakatta</td><td>tsumetakute</td></tr>
<tr><td>tōi</td><td>tōkunai</td><td>tōkatta</td><td>tōkunakatta</td><td>tōkute</td></tr>
<tr><td>nagai</td><td>nagakunai</td><td>nagakatta</td><td>nagakunakatta</td><td>nagakute</td></tr>
<tr><td>hiroi</td><td>hirokunai</td><td>hirokatta</td><td>hirokunakatta</td><td>hirokute</td></tr>
<tr><td>furui</td><td>furukunai</td><td>furukatta</td><td>furukunakatta</td><td>furukute</td></tr>
<tr><td>mijikai</td><td>mijikakunai</td><td>mijikatta</td><td>mijikakunakatta</td><td>mijikakute</td></tr>
<tr><td>muzukashī</td><td>muzukashikunai</td><td>muzukashikatta</td><td>muzukashikunakatta</td><td>muzukashikut</td></tr>
<tr><td>yasashī</td><td>yasashikunai</td><td>yasashikatta</td><td>yasashikunakatta</td><td>yasashikute</td></tr>
<tr><td>yasui</td><td>yasukunai</td><td>yasukatta</td><td>yasukunakatta</td><td>yasukute</td></tr>
</table>

な形容詞 Na-adjective ／ Tính từ na
けいようし

Word Từ vựng	Meaning Ý nghĩa	Non-Past／Thể hiện tại		Past／Thể quá khứ	
		Affirmative Khẳng định	Negative Phủ định	Affirmative Khẳng định	Negative Phủ định
かんたん(な)	easy đơn giản/dễ dàng	かんたんです	かんたんじゃありません	かんたんでした	かんたんじゃありませんでした
きらい(な)	dislike/hate không thích/ghét	きらいです	きらいじゃありません	きらいでした	きらいじゃありませんでした
きれい(な)	clean/beautiful sạch sẽ/xinh đẹp	きれいです	きれいじゃありません	きれいでした	きれいじゃありませんでした
元気(な)	fine khoẻ mạnh	げんきです	げんきじゃありません	げんきでした	げんきじゃありませんでした
しずか(な)	quiet yên tĩnh	しずかです	しずかじゃありません	しずかでした	しずかじゃありませんでした
じょうず(な)	kind tốt bụng	しんせつです	しんせつじゃありません	しんせつでした	しんせつじゃありませんでした
しんせつ(な)	skillfull/good giỏi/thành thạo	じょうずです	じょうずじゃありません	じょうずでした	じょうずじゃありませんでした
好き(な)	like/favorite thích/yêu thích	すきです	すきじゃありません	すきでした	すきじゃありませんでした
だいじょうぶ(な)	ok/all right /no problem ổn/không có vấn đề gì	だいじょうぶです	だいじょうぶじゃありません	だいじょうぶでした	だいじょうぶじゃありませんでした
たいへん(な)	hard/tough /terrible khó khăn/vất vả /mệt mỏi	たいへんです	たいへんじゃありません	たいへんでした	たいへんじゃありませんでした
にぎやか(な)	lively náo nhiệt	にぎやかです	にぎやかじゃありません	にぎやかでした	にぎやかじゃありませんでした
ひま(な)	free/not busy bận rộn	ひまです	ひまじゃありません	ひまでした	ひまじゃありませんでした
不便(な)	inconvenient bất tiện	ふべんです	ふべんじゃありません	ふべんでした	ふべんじゃありませんでした
へた(な)	unskillful/bad không thành thạo/dở	へたです	へたじゃありません	へたでした	へたじゃありませんでした
便利(な)	convenient tiện lợi	べんりです	べんりじゃありません	べんりでした	べんりじゃありませんでした
ゆうめい(な)	famous nổi tiếng	ゆうめいです	ゆうめいじゃありません	ゆうめいでした	ゆうめいじゃありませんでした

<table>
<tr><td colspan="5" align="center">Plain-form ／ Dạng thường</td><td rowspan="2" align="center">te-form
Thể て</td></tr>
<tr><td colspan="2" align="center">Non-Past／Thể hiện tại</td><td colspan="2" align="center">Past／Thể quá khứ</td></tr>
<tr><td align="center">Affirmative
Khẳng định</td><td align="center">Negative
Phủ định</td><td align="center">Affirmative
Khẳng định</td><td align="center">Negative
Phủ định</td><td align="center"></td></tr>
<tr><td>かんたんだ／
かんたんな</td><td>かんたんではない</td><td>かんたんだった</td><td>かんたんではなかった</td><td>かんたんで</td></tr>
<tr><td>きらいだ／
きらいな</td><td>きらいではない</td><td>きらいだった</td><td>きらいではなかった</td><td>きらいで</td></tr>
<tr><td>きれいだ／
きれいな</td><td>きれいではない</td><td>きれいだった</td><td>きれいではなかった</td><td>きれいで</td></tr>
<tr><td>げんきだ／
げんきな</td><td>げんきではない</td><td>げんきだった</td><td>げんきではなかった</td><td>げんきで</td></tr>
<tr><td>しずかだ／
しずかな</td><td>しずかではない</td><td>しずかだった</td><td>しずかではなかった</td><td>しずかで</td></tr>
<tr><td>じょうずだ／
じょうずな</td><td>じょうずではない</td><td>じょうずだった</td><td>じょうずではなかった</td><td>じょうずで</td></tr>
<tr><td>しんせつだ／
しんせつな</td><td>しんせつではない</td><td>しんせつだった</td><td>しんせつではなかった</td><td>しんせつで</td></tr>
<tr><td>すきだ／
すきな</td><td>すきではない</td><td>すきだった</td><td>すきではなかった</td><td>すきで</td></tr>
<tr><td>だいじょうぶだ／
だいじょうぶな</td><td>だいじょうぶではない</td><td>だいじょうぶだった</td><td>だいじょうぶではなかった</td><td>だいじょうぶで</td></tr>
<tr><td>たいへんだ／
たいへんな</td><td>たいへんではない</td><td>たいへんだった</td><td>たいへんではなかった</td><td>たいへんで</td></tr>
<tr><td>にぎやかだ／
にぎやかな</td><td>にぎやかではない</td><td>にぎやかだった</td><td>にぎやかではなかった</td><td>にぎやかで</td></tr>
<tr><td>ひまだ／
ひまな</td><td>ひまではない</td><td>ひまだった</td><td>ひまではなかった</td><td>ひまで</td></tr>
<tr><td>ふべんだ／
ふべんな</td><td>ふべんではない</td><td>ふべんだった</td><td>ふべんではなかった</td><td>ふべんで</td></tr>
<tr><td>へただ／
へたな</td><td>へたではない</td><td>へただった</td><td>へたではなかった</td><td>へたで</td></tr>
<tr><td>べんりだ／
べんりな</td><td>べんりではない</td><td>べんりだった</td><td>べんりではなかった</td><td>べんりで</td></tr>
<tr><td>ゆうめいだ／
ゆうめいな</td><td>ゆうめいではない</td><td>ゆうめいだった</td><td>ゆうめいではなかった</td><td>ゆうめいで</td></tr>
</table>

Word Từ vựng	Meaning Ý nghĩa	Non-Past／**Thể hiện tại**		Past／**Thể quá khứ**	
		Affirmative **Khẳng định**	Negative **Phủ định**	Affirmative **Khẳng định**	Negative **Phủ định**
kantan(na)	easy đơn giản/dễ dàng	kantan desu	kantan ja arimasen	kantan deshita	kantan ja arimasen deshita
kirai(na)	dislike/hate không thích/ghét	kirai desu	kirai ja arimasen	kirai deshita	kirai ja arimasen deshita
kirē(na)	clean/beautiful sạch sẽ/xinh đẹp	kirē desu	kirē ja arimasen	kirē deshita	kirē ja arimasen deshita
genki(na)	fine khoẻ mạnh	genki desu	genki ja arimasen	genki deshita	genki ja arimasen deshita
shizuka(na)	quiet yên tĩnh	shizuka desu	shizuka ja arimasen	shizuka deshita	shizuka ja arimasen deshita
shinsetsu(na)	kind tốt bụng	shinsetsu desu	shinsetsu ja arimasen	shinsetsu deshita	shinsetsu ja arimasen deshita
jōzu(na)	skillfull/good giỏi/thành thạo	jōzu desu	jōzu ja arimasen	jōzu deshita	jōzu ja arimasen deshita
suki(na)	like/favorite thích/yêu thích	suki desu	suki ja arimasen	suki deshita	suki ja arimasen deshita
daijōbu(na)	ok/all right /no problem ổn/không có vấn để gì	daijōbu desu	daijōbu ja arimasen	daijōbu deshita	daijōbu ja arimasen deshita
taihen(na)	hard/tough /terrible khó khăn/vất vả /mệt mỏi	taihen desu	taihen ja arimasen	taihen deshita	taihen ja arimasen deshita
nigiyaka(na)	lively náo nhiệt	nigiyaka desu	nigiyaka ja arimasen	nigiyaka deshita	nigiyaka ja arimasen deshita
hima(na)	free/not busy bận rộn	hima desu	hima ja arimasen	hima deshita	hima ja arimasen deshita
fuben(na)	inconvenient bất tiện	fuben desu	fuben ja arimasen	fuben deshita	fuben ja arimasen deshita
heta(na)	unskillful/bad không thành thạo/dở	heta desu	heta ja arimasen	heta deshita	heta ja arimasen deshita
benri(na)	convenient tiện lợi	benri desu	benri ja arimasen	benri deshita	benri ja arimasen deshita
yūmē(na)	famous nổi tiếng	yūmē desu	yūmē ja arimasen	yūmē deshita	yūmē ja arimasen deshita

Plain-form / Dạng thường				te-form
Non-Past / Thể hiện tại		Past / Thể quá khứ		Thể て
Affirmative Khẳng định	Negative Phủ định	Affirmative Khẳng định	Negative Phủ định	
kantan da / kantan na	kantan dewa nai	kantan datta	kantan dewa nakatta	kantan de
kirai da / kirai na	kirai dewa nai	kirai datta	kirai dewa nakatta	kirai de
kirē da / kirē na	kirē dewa nai	kirē datta	kirē dewa nakatta	kirē de
genki da / genki na	genki dewa nai	genki datta	genki dewa nakatta	genki de
shizuka da / shizuka na	shizuka dewa nai	shizuka datta	shizuka dewa nakatta	shizuka de
jōzu da / jōzu na	shinsetsu dewa nai	shinsetsu datta	shinsetsu dewa nakatta	jōzu de
shinsetsu da / shinsetsu na	jōzu dewa nai	jōzu datta	jōzu dewa nakatta	shinsetsu de
suki da / suki na	suki dewa nai	suki datta	suki dewa nakatta	suki de
daijōbu da / daijōbu na	daijōbu dewa nai	daijōbu datta	daijōbu dewa nakatta	daijōbu de
taihen da / taihen na	taihen dewa nai	taihen datta	taihen dewa nakatta	taihen de
nigiyaka da / nigiyaka na	nigiyaka dewa nai	nigiyaka datta	nigiyaka dewa nakatta	nigiyaka de
hima da / hima na	hima dewa nai	hima datta	hima dewa nakatta	hima de
fuben da / fuben na	fuben dewa nai	fuben datta	fuben arimasen datta	fuben de
heta da / heta na	heta dewa nai	heta datta	heta dewa nakatta	heta de
benri da / benri na	benri dewa nai	benri datta	benri dewa nakatta	benri de
yūmē da / yūmē na	yūmē dewa nai	yūmē datta	yūmē dewa nakatta	yūmē de

ぶんけい さくいん

Index of sentence patterns
Mục lục/tra cứu mẫu câu

Ｖて、Ｖ（順に起きる動作）	V te, V	2
Ｖて、それから	V te, soekare	2
Ｖています（結果の状態）	Vte imasu	3
Ｖています（習慣・くり返し）	Vte imasu	3
Ｖています（職業）	Vte imasu	3
Ｖています（動作の継続）	Vte imasu	1
Ｖてから	Vte kara	2
Ｖて ください	Vte kudasai	1
Ｖては いけません	Vtewa ikemasen	10
Ｖても いいです	Vtemo ī desu	10
Ｖないで ください	Vnaide kudasai	1
Ｖながら	V nagara	4
Ｖなくても いいです	V nakute mo ī desu	10
Ｖなければ なりません	V nakereba narimasen	10
V_1 に V_2	V_1 ni V_2	2
～と 言います	～ to īmasu	7
～と 思います。	～ to omoimasu	11
～とき	～ no toki	6
～の あと	～ no ato	2
～の 前	～ no mae	2
Ｖましょうか	V mashō ka	5
Ｖることができます	V-ru koto ga dekimasu	11
いちばんＡ /NA	Ichiban A/NA	7
疑問詞＋でも	Itsudemo ／ Dokodemo ／ Daredemo ／ Nandemo	8
けっこうです	kekkō desu	5
すみませんが	Sumimasen ga	3
そして	Soshite	1
たとえば	Tatoeba	9
だれも ～ない	Dare mo ～ nai	8
できます	Dekimasu	11
どうして Ｖか	Dōshite ˉka?	4
どうしてですか	Dōshite desu ka?	4
どこも ～ない	Doko mo ～ nai	8
どっちが Ａ /NA	Docchi ga A/NA	7
どれに しますか	Dore ni shimasu ka?	5
何も ～ない	Nani mo ～ nai	8
もっと	Motto	7

「初級１」のふくしゅう

Beginner Level 1 Review
Ôn tập "sơ cấp 1"

モデル文
Model Sentences ／ **câu văn mẫu**

Unit 1

□1 はじめまして。マリアです。
Hajimemashite. Maria desu.

□2 日本語学校の　学生です。
Nihongogakkō no gakusē desu.

□3 オーストラリアから　来ました。
Ōsutoraria kara kimashita.

□4 よろしく　おねがいします。
Yoroshiku onegai-shimasu.
　　——こちらこそ、どうぞ　よろしく　おねがいします。
　　　Kochirakoso, dōzo yoroshiku onegai-shimasu.

□5 ワンさんは　学生ですか。
Wan-san wa gakusē desu ka?
　　——はい、そうです。
　　　Hai, sō desu.
　　——いいえ、学生じゃ　ありません。
　　　Īe, gakusē ja arimasen.

□6 そうですか。
Sō desu ka.

□7 すみません、お名前は？
Sumimasen, o-namae wa?

□8 わたしも　大学生です。
Watashi mo daigakusē desu.

Unit 2

□1 いらっしゃいませ。
Irasshaimase.

□2 すみません、ちゅうもんを　おねがいします。
Sumimasen, chūmon o onegai-shimasu.

□3 これは　何ですか。
Kore wa nan desu ka?

□4 これを　ください。
Kore o kudasai.

□5 かしこまりました。
Kashikomarimashita.

□6 あと、サラダも　おねがいします。
Ato, sarada mo onegai-shimasu.

□7 アオキさんの　えは　どれですか。
Aoki-san no e wa dore desu ka?

□8 これは　何の　しゃしんですか。
Kore wa nan no shashin desu ka?

□9 この　人は　だれですか。
Kono hito wa dare desu ka?

□10 それは　マリアさんの　かばんですか。
Sore wa Maria-san no kaban desu ka?

□11 いいえ、わたしの　じゃ　ありません。
Īe, watashi no ja arimasen.

□12 グエンさんの　です。
Guen-san no desu.

□13 マリアさんのは　どれですか。
Maria-san no wa dore desu ka?

Unit 3

□1 くつ　うりばは　どこですか。
Kutsu uriba wa doko desu ka?

□2 あちらで　ございます。
Achira de gozaimasu.

□3 これは　いくらですか。
Kore wa ikura desu ka?

□4 こちらは　5800円です。
Kochira wa gosenhappyaku-en desu.

□5 あの　青い　ネクタイは　どうですか。
Ano aoi nekutai wa dō desu ka?

□6 いかがですか。
Ikaga desu ka?

□7 うーん、ちょっと　おもいです。
Ūn, chotto omoi desu.

□8 ほかの　色も　ありますか。
Hoka no iro mo arimasu ka?

□9 ケチャップは　どこに　ありますか。
Kechappu wa doko ni arimasu ka?

□10 ワンさんは　何さいですか。
Wan-san wa nan-sai desu ka?

□11 キムさんは　年は（お）いくつですか。
Kimu-san wa toshi wa (o)ikutsu desu ka?

□12 マイカさん、お国は　どちらですか。
Maika-san, o-kuni wa dochira desu ka?

Unit 4

□1 朝、何時に　起きますか。
Asa, nan-ji ni okimasu ka?

□2 わたしは　6時半に　おきます。
Watashi wa roku-ji han ni okimasu.

□3 つぎの　バスは　何分ですか。
Tsugi no basu wa nan-pun desu ka?

□4 10時8分です。
Jū-ji happun desu.

□5 たんじょう日は　いつですか。
Tanjōbi wa itsu desu ka?

□6 来月の　3日です。
Raigetsu no mikka desu.

□7 今、何時ですか。
Ima, nan-ji desu ka?

□8 わたしは　今から　空港に　行きます。
Watashi wa ima kara kūkō ni ikimasu.

□9 お友だちは　何時に　空港に　着きますか。
O-tomodachi wa nan-ji ni kūkō ni tsukimasu ka?

Unit 5

□1 土曜日、浅草に　行きます。
Doyōbi, Asakusa ni ikimasu.

□2 浅草まで　どうやって　行きますか。
Asakusa made dōyatte ikimasu ka?

□3 電車で　行きます。
Densha de ikimasu.

□4 ここから　浅草まで　どれくらい　かかりますか。
Koko kara Asakusa made dorekurai kakarimasu ka?

——1時間くらいです。
Ichi-jikan kurai desu.

□5 すみません、浅草 行きの バスは どれですか。
Sumimasen, Asakusa iki no basu wa dore desu ka?

□6 あれは ゆうめいな お寺ですか。
Are wa yūmē na o-tera desu ka?

□7 お金は いくら かかりますか。
O-kane wa ikura kakarimasu ka?
——1500円です。
Sen gohyaku-en desu.

□1 休みの 日は 何を しますか。
Yasumi no hi wa nani o shimasu ka?

□2 家で えいがを 見ます。
Ie de ēga o mimasu.

□3 北海道に 旅行に 行きます。
Hokkaidō ni ryokō ni ikimasu.

□4 きょう、朝ごはんを 食べましたか。
Kyō, asa-gohan o tabemashita ka?

□5 いいえ。けさは 食べませんでした。
Īe. Kesa wa tabemasendeshita.

□6 今週の 土曜日、おまつりに 行きませんか。
Konshū no doyōbi, o-matsuri ni ikimasen ka?
——いいですね。行きましょう。
Ī desu ne. Ikimashō.

□7 朝ごはんは いつも 何を 食べますか。
Asa-gohan wa itsumo nani o tabemasu ka?

□8 朝ごはんは 食べましょう。
Asa-gohan wa tabemashō.

□1 かぞくに 手紙を 書きますか。
Kazoku ni tegami o kakimasu ka?
——そんなに書きません。
Sonnani kakimasen.

□2 よく 母に 電話を します。
Yoku haha ni denwa o shimasu.

□3 もう 先生に へんじを しましたか。
Mō sensē ni henji o shimashita ka?

□4 きのうの 夜、メールで へんじを しました。
Kinō no yoru, mēru de henji o shimashita.

□5 ポールさんのですか。
Pōru-san no desu ka?

□6 わたしは まだです。
Watashi wa mada desu.

□7 ぜんぜん わかりません。
Zenzen wakarimasen.

□8 もう 一つ、何か ちゅうもんしませんか。
Mō hitotsu, nani ka chūmon-shimasen ka?

□1 それは どうですか。
Sore wa dō desu ka?

□2 まあまあです。
Māmā desu.

□3 あまり おいしくないです。
Amari oishiku nai desu.

□4 そんなに ふべんじゃ ありません。
Sonnani fuben ja arimasen.

□5 りょこうは どうでしたか。
Ryokō wa dō deshita ka?

□6 すごく　楽しかったです。
Sugoku tanoshikatta desu.

□7 それは　よかったですね。
Sore wa yokatta desu ne.

□8 忙しかったですが、そんなに　大変じゃ　なかったです。
Isogashikatta desu ga, sonnani taihen ja nakatta desu.

□1 好きな　食べ物は　何ですか。
Sukina tabemono wa nan desu ka?

□2 カレーが　好きです。
Karē ga suki desu.

□3 マリアさんは　うたが　じょうずですね。
Maria-san wa utaga jōzu desu ne.

□4 いえいえ、ぜんぜん　じょうずじゃ　ありません。
Ieie, zenzen jōzu ja arimasen.

□5 ポールさんは　フランス語が　わかりますか。
Pōru-san wa furansu-go ga wakarimasu ka?

□6 グエンさんは　今、何が　ほしいですか。
Guen-san wa ima, nani ga hoshī desu ka?

□7 わたしは　ふくが　ほしいです。
Watashi wa fuku ga hoshī desu.

□8 どんな　ふくですか。
Donna fuku desu ka?
——あたたかい　ふくです。
Atatakai fuku desu.

□1 ここには　ゆうめいな　おてらが　あります。
Koko niwa yūmē na o-tera ga arimasu.

□2 ホテルの　中に　コンビニが　あります。
Hoteru no naka ni konbini ga arimasu.

□3 あそこに　だれか　いますか。
Asoko ni dare ka imasu ka?

□4 来週、近くで　おまつりが　あります。
Raishū, chikaku de o-matsuri ga arimasu.

□5 でも、お金が　ありません。
Demo, o-kane ga arimasen.

□6 きょうは　ちょっと　ようじが　あります。
Kyō wa chotto yōji ga arimasu.

□7 何か　しつもんは　ありますか。
Nani ka shitsumon wa arimasu ka?
——いいえ、とくに　ありません。
Īe, tokuni arimasen.

□8 しゅくだいは　ありますか。
Shukudai wa arimasen.

□9 つぎの　じゅぎょうは　いつですか。
Tsugi no jugyō wa itsu desu ka?

□10 それは　いやです。
Sore wa iya desu.

ふくしゅうドリル

Review Drills ／ Bài ôn tập

※ **Download the Romaji version here →**
※ **Tải "bản chữ Alphabet ở đây →**
※ 「ローマ字版」のダウンロードはこちら→

Unit 1

① わたしは　日本語学校（a. から　b. の）
学生です。

② わたしは　オーストラリア（a. は　b. か
ら）来ました。

③ グエンさんは　ベトナム（a. の　b. も）
方です。

④ マイカさんは　大学生です。リンダさ
ん（a. も　b. は）　大学生です。

⑤ お名前（a. の　b. は）？
　── 青木です。

⑥ びょういんの　けんしゅうせいですか。
　── いいえ、けんしゅうせい（a. です
　　b. ではありません）。

⑦ 田中さん（a. の　b. は）会社員ですか。
　── はい、会社員です。

⑧ マリアさんは　アメリカ人ですか。
　──（a. はい　b. いいえ）日本人です。

⑨ キムです。はじめまして。
　── はじめまして。青木です。
　　（a. どうよろしく　b. そうです）。

⑩ はじめまして。さくらです。
　──（a. すみません　b. よろしく）
　　もう　一度　おねがいします。

Unit 2

① カレー（a. を　b. と）サラダを　くだ
さい。　──わかりました。

②（a. これ　b. それ）は　何ですか。
　── それは　チキンカレーです。

③ あなたの　かさは（a. これ　b. この）
ですか。　──それです。

④（a. これ　b. この）花は　何ですか。
　── バラです。

⑤（a. あれ　b. あの）は　だれの　え
ですか。　── 山田さんのです。

⑥ ケーキを　一つ（a. かしこまりました
b. ください）。　── はい、一つですね。

⑦ キムさんは（a. どの　b. どれ）かた
ですか。　── 右の　男の　方です。

⑧（a. それ　b. その）は　わたしの
くつです。
　── すみません、まちがえました。

⑨ （a. どれ　b. だれ）が　とうふりょう
　りですか。
　　—— こちらの　しゃしんです。

⑩ あの　方は　（a. なに　b. どなた）
　ですか。
　　—— びょういんの　先生です。

Unit 3

① この　子どもの　ふくは　（a. いくら
　b. いかが）　ですか。
　　—— こちらは　5000 円です。

② わたしの　子どもは　13（a. さい
　b. こ）です。あなたの　お子さんは？
　　—— はたちです。

③ くつうりばは（a. なん　b. どれ）かい
　ですか。　——4 かいです。

④ えいがかんは（a. あの　b. あちら）
　ビルの　2 かいです。
　　—— わかりました。ありがとうござい
　　　　ました。

⑤ この　ふくは　Mサイズです。（a. どう
　ですか　b. なんですか）。
　　—— ちょうど　いいです。

⑥ トイレは　（a. どう　b. どこ）ですか。
　　—— トイレは　あちらです。

⑦ これは　どうですか。
　　—— もう　少し（a. ちいさい　b. やす
　　　　いの）は　ありませんか。

⑧ 赤と　黒と　（a. どちら　b. どの）が
　いいですか。　　—— 赤が　いいです。

⑨ この　りんごは　ひとつ（a. こちら
　b. いくら）ですか。
　　—— ひとつ　150 円です。

⑩ ごみばこは　（a. どれ　b. どの）ですか。
　　—— すみません、ごみばこは　ありま
　　　　せん。

Unit 4

① リンダさんは　朝　何時（a. に　b. と）
　おきますか。　—— 8 時ぐらいです。

② この　電車は　56 分（a. に　b. から）
　つきます。

③ ことしの　ふゆ、北海道に（a. 行きま
　す　b. おきます）。　—— いいですね。

④ リーさん、ABC スーパーは　何時
　（a. に　b. から）ですか。
　　—— すみません、わかりません。

⑤ なつ休みは　国に（a. やすみ　b. かえ
　リ）ます。
　　—— そうですか、いいですね。

⑥ 来月から　ぎんこうで（a. はたらき
　b. はじまり）ます。
　　—— そうですか。よかったですね。

⑦ ユンさん、たんじょうびは　（a. だれ
　b. いつ）ですか。　——6 月 6 日です。

⑧ 毎日　9時から　5時（ a.に　b.まで ）
はたらきます。

⑨ いま　パリ（ a.に　b.で ）います。
朝　10時です。
—— そうですか。日本は　夜　10じです。

⑩ ワンさん　あしたも　アルバイトですか。
—— いいえ　あしたは　アルバイトは
（ a.あります　b.ありません ）。

⑧ この　バスは　上野駅（ a.に　b.から ）
とまりますか。
—— はい、とまります。

⑨ 上野から　東京まで　どれくらい
（ a.行きますか　b.かかりますか ）。
—— 10分ぐらいです。

⑩ きのう、（ a.ひとりで　b.だれと ）
秋葉原に　行きました。

Unit 5

① スカイツリーは　（ a.どこ　b.どうやっ
て ）行きますか。

② 学校は　バスと　電車（ a.で　b.に ）
行きます。

③ 新宿から　東京まで　ちかてつ（ a.に
b.で ）乗って　行きます。

④ 家から　会社まで　（ a.どれくらい
b.どうやって ）かかりますか。
—— 1時間です。

⑤ 新宿（ a.に　b.ゆき ）の　バスは　何
ばんですか。
—— 6ばんです。

⑥ 浅草は　とても（ a.にぎやかな　b.し
ずかな ）ところです。

⑦ この　おてらは（ a.おいしい　b.ゆう
めい ）です。

Unit 6

① 日曜日は　何を（ a.します　b.いきま
す ）か。
—— そうじと　せんたくです。

② あついですね。つめたい　ジュースを
（ a.飲みませんか　b.飲みました ）。
—— いいですね。

③ きのう　友だちと　えいがを　（ a.みま
しょう　b.みました ）。

④ 土曜日は　としょしつで　しゅくだい
（ a.を　b.に ）します。

⑤ あした　いっしょに　びじゅつかんに
（ a.行きませんか　b.行きませんでした ）。

⑥ 学校まで　青木さんと　（ a.いっしょに
b.もうすぐ ）行きました。

⑦ けさ、駅で　先生に（ a.あいました
b.あいましょう ）。
—— そうですか。

⑧ 休みの　日は　よく　しゅじんが
　りょうり（a.を　b.に）つくります。
　── いいですね。

⑨ きのう　あの　レストランで　おひる
　を（a.たべましょう　b.たべました）。

⑩ あつい　おちゃ、どうですか。
　── あっ、（a.だめです　b.けっこう
　です）。ありがとうございます。

Unit 7

① ひるごはんは（a.もう　b.まだ　食べ
　ました。
　── わたしも　食べました。

② きのう　国の　かぞく（a.に　b.を）
　電話しました。みんな　げんきでした。

③ どこに　こうばんが　あるか（a.だれ
　か　b.なにか）に　聞きましょう。

④ きのう　わたしは　田中さん（a.が
　b.に）かさを　かりました。

⑤ ラーメンと　カレーと（a.どれが　b.ど
　ちらに）しますか。
　── そうですね。じゃ、ラーメンに
　します。

⑥ 日曜日、（a.どこか　b.どれ）に
　行きましたか。
　── 秋葉原に　行きました。

⑦ よく　えいがを　見ますか。
　── いいえ（a.あまり　b.いっしょ
　に）見ません。

⑧ しんぶんは　読みません。ニュースは
　ネット（a.まで　b.で）見ます。

⑨ ふゆは（a.ときどき　b.とても）スキー
　に　行きます。

⑩ ビールは（a.もう　b.そんなに）ちゅ
　うもんしました。

Unit 8

① この　バナナは（a.あまい　b.あまく）
　ないですね。
　── そうですね。青いですね。

② きのうは（a.あつかった　b.あつい）
　ですね。　──38どでした。

③ この　きょうしつ　ちょっと（a.さむ
　い　b.さむく）ないですか。
　── ええ。エアコンが　ありませんね。

④ 日本の　おさけは　好きですか。
　──（a.まあまあ　b.あまり）好き
　じゃ　ないです。

⑤ この　へやは　どうですか。
　── そうですね、（a.ちょっと　b.そ
　んなに）高いですね。

⑥パソコンは　よく　つかいますか。
　　── あまり（a.つかいます　b.つかい
　　　ません）。

⑦これから　カラオケに　行きませんか。
　　── きのう、（a.行きました　b.行き
　　　ます）。きょうは、ちょっと……。

⑧家の　近くの　スーパーは　あまり
　（a.大きくない　b.大きい）です。

⑨りっぱな　お店ですね。ねだんは　ど
　うですか。
　　── そんなに（a.高い　b.高くない）
　　　ですよ。

⑩わたしの　家は　駅から　バスで　30
　分　かかります。たいへん（a.ふべん
　b.べんり）です。

Unit 9

①しずかな　ところは（a.好き　b.好き
　じゃない）です。
　　── わたしも　きらいです。

②わたしは　いま　大きい　家（a.に
　b.が）ほしいです。
　　── わたしも　です。

③青木さん、ドイツ語が（a.わかります
　か　b.ほしいですか）。
　　── 少し……。

④いぬと　ねこと（a.どちら　b.どれ）
　が　好きですか。
　　── わたしは　ねこです。

⑤リンダさんは　ピアノが（a.とても
　b.あまり）じょうずですね。

⑥にくは（a.きれい　b.きらい）ですが、
　さかなは　好きです。
　　── わたしも　です。

⑦1週間　前に　日本に　来ました。
　日本語は　まだ（a.わかります
　b.わかりません）。

⑧わたしは　くだものが　好きです。
　（a.とくに　b.まあまあ）みかんが
　好きです。

⑨リーさんは　（a.どんな　b.そんな）
　スポーツが　好きですか。
　　── わたしは　テニスとサッカーが
　　　好きです。

⑩きょうの　先生の　話、よく　わかり
　ましたか。
　　── いいえ、（a.ぜんぜん　b.だいたい）
　　　わかりませんでした。

Unit 10

①チーズは　どこに（a.います　b.あり
　ます）か。
　　── れいぞうこの　中です。

② ポストは　どこですか。
── ゆうびんきょくの　前（a.に
　　b.で）あります。

③ 田中さんは　どこに　（a.います
　　b.あります）か。
── としょかんです。

④ この　電車（a.には　b.では）トイレ
　が　ありません。
── そうですか！　じゃあ、つぎの
　　駅で　おります。

⑤ すみません、（a.だれか　b.だれが）
　いませんか。
── はーい、どなたですか。

⑥ まちには　コンビニが　たくさん
　（a.います　b.あります）。

⑦ 来週は　たくさん　ようじが（a.あり
　ません　b.あります）。いそがしいです。

⑧ かぎは　ひきだしの　中に（a.ありま
　せんでした　b.いませんでした）。

⑨ キムさんは　来週の　パーティーに
　来ますか。
── わかりません。まだ　へんじが
　　（a.ありませんでした　b.ありま
　　せん）。

⑩ この　コンビニに　ATMが
　（a.あります　b.います）か。
── わかりません。

こたえ

	①	②	③	④	⑤	⑥	⑦	⑧	⑨	⑩
Unit 1	b	b	a	a	b	b	b	b	a	a
Unit 2	b	a	a	b	a	b	a	a	a	b
Unit 3	a	a	a	a	a	b	b	a	b	a
Unit 4	a	a	a	db	b	a	b	b	a	b
Unit 5	b	a	a	a	b	a	b	a	b	a
Unit 6	a	a	b	a	a	a	a	a	b	b
Unit 7	a	a	a	b	b	a	a	b	a	a
Unit 8	b	a	b	b	a	b	a	a	b	a
Unit 9	b	b	a	a	a	b	b	a	a	a
Unit 10	b	a	a	a	a	b	b	a	b	a

各ユニットの Can-Do と文型

ユニット番号	Can-Do リスト	文型
1	① 今現在、進行中の自分またはだれかの状態について表現することができる。 ② 相手に対して、何かの動作や行為を要求したり、指示したりすることができる。	▶ V ています（動作の継続） ▶ V てください ▶ V ないでください
2	① 順に行う動作や順に起きる出来事などについて述べることができる。 ② ある行為をすることを目的に移動する動作を表現することができる。	▶ V 1 に V 2 ▶ V かた ▶ V て、V（順に起きる動作） ▶ V て、それから ▶ V てから
3	① ある行為や出来事の結果、一定の状態が続いている様子を表現することができる。 ② 習慣など、くり返して行われる動作や行為を表現することができる。	▶ V ています（結果の状態） ▶ V ています（習慣・くり返し） ▶ V ています（職業） ▶ N たち
4	① 理由や原因を尋ねることができる。また、逆に尋ねられたときに、簡単に答えることができる。 ② 二つの動作や行為が並行して行われる様子を述べることができる。	▶ どうして V か ▶ どうしてですか ▶ 〜から（理由） ▶ V て（原因） ▶ V ながら
5	① 欲求の具体的な内容を述べることができる。 ② 自分または自分たちが行う動作や行為について、提案することができる。	▶ V たいです ▶ V たくないです ▶ V ましょうか ▶ N じゅう（中）
6	① 形容詞を使った表現を用いて、ある物事の様子や特徴と、それについての感想や気持ちを述べることができる。 ② 形容詞を使った表現を用いて、ある物事の状態の変化を表すことができる。	▶ A くて ▶ N A で ▶ N で ▶ A くなる ▶ N A になる ▶ N になる
7	① 二つのものを比べて、優劣や好き・嫌いなど、簡単な評価や感想などを述べることができる。 ② 三つ以上のものを対象に、どれが最も程度が高いか、簡単に述べることができる。	▶ N より A/NA ▶ どっちが A/NA ▶ N のほう ▶ A ほう ▶ NA なほう

8	① 疑問詞を使って、「いつ」「どこ」「だれ」「何」について、全面的に否定する表現ができる。 ② 形容詞を使った表現を用いて、意図的にあるものの状態を変えることを述べることができる。	▸だれもVない ▸どこもAない ▸何もVない ▸疑問詞＋でも
9	① 物の授受について、簡単な表現を述べることができる。 ② 対象となる行為や出来事などがいくつかあることを示唆しながら、具体的な例を述べることができる。 ③短く限定せず、ある程度幅を持った時期を表現することができる。	▸授受表現（あげる・もらう） ▸V1たりV2たり ▸たとえば ▸Vころ
10	① 相手に許可を求める簡単な表現を述べることができる。 ② ある行為の可否や義務の有る無しなどについて、簡単な表現を述べることができる。	▸Vてはいけません ▸Vてもいいです ▸Vなくてもいいです ▸Vなければなりません ▸Vする前 ▸Vたあと
11	① 経験の有無について、簡単に述べることができる。 ② 能力の有無や一定の行為の可否について、簡単に述べることができる。 ③自分の意見や感想などを簡単に述べることができる。	▸Vたことがあります ▸Vることができます ▸～と思います ▸Nしか

本文レイアウト・DTP	オッコの木スタジオ
カバーデザイン	花本浩一
本文イラスト	はやし・ひろ／杉本智恵美
翻訳	Alex Ko Ransom ／ Duong Thi Hoa ／ Nguyen Van Anh
編集協力	高橋尚子／黒岩しづ可／渡邉亜子／古谷真希

本書へのご意見・ご感想は下記 URL までお寄せください。
https://www.jresearch.co.jp/contact/

やさしい日本語　初級2

令和元年（2019 年）　7月 10 日　初版第 1 刷発行

編著者	Ｊリサーチ出版編集部
発行人	福田富与
発行所	有限会社 Ｊリサーチ出版
	〒 166-0002　東京都杉並区高円寺北 2-29-14-705
電　話	03(6808)8801（代）　FAX　03(5364)5310
編集部	03(6808)8806
	https://www.jresearch.co.jp
	twitter 公式アカウント　@ Jresearch_
	https://twitter.com/Jresearch_
印刷所	中央精版印刷株式会社

ISBN 978-4-86392-443-7
禁無断転載。なお、乱丁、落丁はお取り替えいたします。

やさしい日本語　初級2
にほんご　しょきゅう

- ## かいわぶんの　やく
  Translation of conversational passage
  Dịch hội thoại

- ## れんしゅうの　こたえ（れい）
  Practice answers (Example)
  Đáp án phần luyện tập (Ví dụ)

Unit 1

Dialogue 1 [On the phone]

Sakura Where are you right now?

Wang In the university cafeteria. I am eating lunch with my friends.

Dialogue 2 [On the phone]

Paul Are you at school right now, Maria-san?

Maria No. I am shopping at the supermarket right now.

Dialogue 3

Maria Hm? Where is Paul-san?

A He is right over there. He is talking to someone on the phone.

Dialogue 4

Sakura What are you doing right now?

Ari I am writing a report.

Dialogue 5

A Please throw your garbage away here.

B I understand.

Dialogue 6

Aoki Please write your name and address here.

Dialogue 7

Tanaka Please look over here, everyone.

Let's talk

Micah Good morning. This is Micah.

Aoki Ah, good morning.

Micah Are you outside right now?

Aoki Yes. I am walking my dog.

Micah Is that so. Is now a good time?

Aoki Yes, what might be the problem?

Micah Um, I'm sorry, but could you please tell me when the flower viewing party is again?

Aoki Ah, the flower viewing party. It is Saturday the 15th.

Micah I understand now. Th

Unit 2

Dialogue 1

Maria Go straight and please turn left at the first intersection.

A Left at the first intersection? Understood.

Dialogue 2

A Excuse me, could you please tell me how to make a copy?

B Place the paper here, then please press this button.

Dialogue 3

Paul What will you be doing after this?

Maria I will do a little shopping, then I will do homework.

Dialogue 4

Ari What will you be doing tomorrow?

Kim I am going to see a movie with friends.

Dialogue 5

Sakura Are you busy again today?

Wang Yes. I am going to the library to do a little studying, then I will go to my part-time job.

Dialogue 6

Sakura Hm? Where is Kim-san?

Wang Kim-san went back to the store just now to pick up something forgotten.

Let's talk

❶

Ari What did you do on Saturday?

Sakura I went to Fuji park with my little sister, then ate our boxed lunches there, then we went home and watched a video.

❷

Paul Sorry, could you please tell me how to use this?

A Place the cup here, then please choose hot or iced. Then press this button. Hot water will come out, then stop.

Paul I understand. It's not that difficult, is it?

Unit 3

Dialogue 1

Tanaka Do you have a computer, Paul-san?

Paul No, I do not have one.

Dialogue 2

Gwen What are you reading?

Paul Oh, this is a famous Japanese manga.

Gwen Huh. Oh, I know this one too.

Dialogue 3

Sakura Where do you live right now, Wang-san?

Wang I live near Aoyama Park.

Dialogue 4

A Is Ishikawa-san married?

B Ishikawa-san? Yes, she has two children too.

A Huh, is that so.

Dialogue 5

Kim	What are you watching?
Aoki	A soccer match. It is Japan versus Brazil.
Kim	Who is winning?
Aoki	Brazil.

Let's talk

❶

A Excuse me, but could you please tell me how to get to the station?

B There is a bus that goes to the university from the station. Please get on that.

A The #2 and #3 buses go to the university. Please get off in front of the university.

B Is that so. I understand.

❷

Kim	Where are you right now?
Ari	I am at the university's café. I am writing a report. After this, I will go and eat dinner with everyone. Would you like to join us?
Kim	That sounds nice.

Unit 4

Dialogue 1

A Why did you take off from your part time job on Saturday?

B Because I had a fever.

Dialogue 2

Ari	Why are there so many people?
Sakura	Because there is a festival today.
Ari	I see.

Dialogue 3

Aoki	Why won't you go to the party?
Kim	Because I am very tired today.

Dialogue 4

Ari	Would you like to go to karaoke after this?
Micah	Today is a little difficult... I have plans with friends.

Dialogue 5

Maria	I do not like this store very much.
Paul	Huh? Why is that?
Maria	Because the employees are not kind.

Dialogue 6

Paul	We don't have time, so let's go by taxi.
Maria	I agree.

Let's talk

❶

Ari	Do you have any one-day only part-time jobs?
A	We do. ...This file over here.
Ari	There are many kinds.

❷

Paul	The train stopped this morning and it was terrible.
Tanaka	Is that so. Did you wait for a while?
Paul	Yes, about five minutes. The weather was nice, so I walked.
Tanaka	To school?
Paul	Yes. But it takes about an hour.
Tanaka	Wow, you must be tired.

Unit 5

Dialogue 1

Paul	What would you like to eat?
Gwen	Let's see. It's cold, so I would like to eat something warm.
Paul	Then how about udon?
Gwen	That sounds good. Let's do that.

Dialogue 2

Tanaka	Will you be going back to your country next week?
A	Yes that is correct. I don't want to go back yet, though.

Dialogue 3

Paul	It's hot, isn't it? Why don't I turn on the air conditioning.
Maria	I agree.

Dialogue 4

Paul	I would like to travel around the world.
Maria	Me too.

Let's talk

❶

Paul	Have you returned to your country since coming to Japan, Gwen-san?
Gwen	No, I have not returned even once.
Paul	When will you be going back?
Gwen	In January of next year.
Paul	Is that so. You must want to meet your family again soon.
Gwen	Yes.

❷

Paul	Shall I hold your bags?
Tanaka	Oh, it's alright.
Paul	They're heavy. Please, let me hold them.
Tanaka	Thank you.

Dialogue 1
Tanaka How are you finding Japanese? Is it difficult?
Paul Yes. Kanji is difficult and I am having a hard time.

Dialogue 2
Tanaka Have you learned how to do your part-time job yet?
Paul Yes. Work is simple and I learned how to do it right away. It's a little bit of hard work though.

Dialogue 3
Paul Which store shall we go to?
Maria That's a good question... Oh, this store is near the station and convenient.

Dialogue 4
Paul Why do you not want to go?
Maria There will be many people there and it will make me tired.

Dialogue 5
Micah What kind of person is Carlos-san?
Aoki Well, he is tall and has black hair.

Dialogue 6
Wang What kind of town is Nara?
Sakura It is a quiet, beautiful town.

Dialogue 7
A Who is that person?
B That is Ari-san. He is Indonesian and an exchange student at Shibuya University.

Let's talk
Tanaka You've become good at Japanese, haven't you?
Paul Not at all. I still have a long way to go.
Tanaka How are your courses?
Paul I am in a new class now, and it has become a little harder. It is interesting, though.
Tanaka Is that so. That's good to hear.

Dialogue 1
Paul I'm sorry, I forgot my homework.
Tanaka Homework is more important than your part-time job. Do not forget it next time.
Paul Okay.

Dialogue 2
Sakura Do you like this town, Ari-san?
Ari Yes, I like it. I like it more than Tokyo.
Sakura Why is that?

Ari Because it is close to beautiful oceans and mountains.

Dialogue 3
Ari Let's go eat dinner. Which do you prefer, sushi or tempura?
Kim I would prefer tempura. However, I could eat either.

Dialogue 4
A Which is the hottest, London, Tokyo, or Taipei?
B Taipei. Taipei is very hot.

Dialogue 5
Maria Which do you like, coffee or tea?
Paul I prefer coffee. I drink coffee every morning.

Dialogue 6
A 「すみません」 is used when calling a store employee.

Let's talk
Paul When I got on the train this morning, I sat down. I did so because I was a little sleepy. When I woke up, there was an older woman in front of me. I did not know the right expression, so I said "sumimasen." The older woman had a somewhat surprised face.
Tanaka A simple expression is fine. Just "douzo" is fine.
Paul I understand now.

Unit 8

Dialogue 1
Sakura Did you go somewhere during winter break?
Ari No, I didn't go anywhere. I had my part-time job.

Dialogue 2
Wang We were early and nowhere was open yet.
Sakura Is that so.

Dialogue 3
Maria I had a late lunch, so I am not hungry at all.
Paul What? You're not going to eat anything?
Maria No, I don't need anything.

Dialogue 4
Paul I called, but no one answered.
Tanaka Then let's try calling once more tomorrow.

Dialogue 5
Paul Do you know anything about this?
Gwen No, I don't know anything.

Let's talk

Sakura Is that your computer, Wang-san?

Wang Yes.

Sakura It looks quite old.

Wang Yes. I've been using it for about ten years now. Nothing about it has gone bad, though.

Sakura Huh.

❷

Paul I'm hungry. Do you have anything to eat? Anything would be fine.

Maria I don't have anything.

Paul There's nothing in this area either, is there?

Maria No. Just keep pushing on for a little longer.

Unit 9

Dialogue 1

Wang It is going to be Mother's Day soon. Will you be giving your mother something?

Sakura Yes, I give her flower and a card every year.

Dialogue 2

Gwen That T-shirt is nice.

Paul Oh, this? I got it from a friend. It's a souvenir from Hawaii.

Dialogue 3

Sakura Will everyone be coming on Sunday?

Ari Umm, I have not received a reply from Wang-san yet.

Sakura Is that so.

Dialogue 4

Ari What do you do on your days off?

Sakura I do things like read books and draw pictures.

Dialogue 5

Tanaka What do you want to do in Japan?

Paul I want to do things like climb Mount Fuji and travel.

Let's talk

Wang Sorry for always receiving these delicious things from you.

Sakura No, not at all.

Wang I will bring you something next.

Sakura Okay, okay.

❷

Aoki What do you want to do in Kyoto?

Micah I want to do things like see temples and eat delicious things. I also want to wear a kimono.

Aoki That sounds nice. Please send me photos later.

Micah Okay.

Unit 10

Dialogue 1

Paul May I have one more of these maps?

A Yes, here you go.

Dialogue 2

Paul May I look at this book for a bit?

Tanaka Yes, it's fine.

Dialogue 3

A Excuse me, may I leave?

B Yes, it's fine.

Dialogue 4

A Please say when you'll be late.

B I understand.

Dialogue 5

Aoki You must take off your shoes when you enter inside.

Dialogue 6

Micah Do children have to pay as well?

Aoki No, children do not have to pay.

Dialogue 7

Aoki You may not stop your bicycle here.

Let's talk

Wang Is there a convenience store near the hotel?

Sakura There is. It's drawn on the map.

Wang Is that so. Then it shouldn't be a problem.

❷

Ari May I eat yet?

Sakura Please wait a bit. We are going to do a toast with everyone.

Ari You're right. Then please lead us, Sakura-san.

Sakura Okay. Everyone, please hold your glasses.

Unit 11

Dialogue 1

Sakura Do you know this song?

Wang Yes, I've heard it before.

Dialogue 2

Micah	Have you been to Hokkaido before?
Ari	No, I have not. Have you, Micah-san?
Micah	Yes, only once. I went there to ski.
Ari	That's nice. I have never skied before.

Dialogue 3

Ari	I will soon be riding the Shinkansen for the first time.
Sakura	You can see Mount Fuji from inside the Shinkansen. Please take a look.
Ari	Is that so. I understand.

Dialogue 4

Ari	What is that?
Kim	This is a picture postcard I received from a friend.

Dialogue 5

Ari	That necklace is cute. Was it a present from someone?
Kim	No. I bought it with money I saved at my part-time job.

Dialogue 6

Sakura	He is a student who has come from Indonesia.
A	Is that so. His Japanese is good, isn't it?

Let's talk

Wang	Have you ever seen a UFO before?
Sakura	No, I have not. Have you, Wang-san?
Wang	Yes, just once.
Sakura	Really?
Wang	Yes.
Sakura	What kind of a UFO was it?
Wang	It had an orange light, so I thought it was an airplane at first. It was faster than an airplane, though. Also, there was only one at first, but then it turned into two, then four. Then it disappeared.
Sakura	Huh, how strange.

Mini-Lesson

❶

Kim	Why were you late?
Ari	Because the train was stopped.

❷

Kim	Why did you decide on that hotel?
Ari	Because it was close to the station and convenient.

❸

Wang	It was hot, so I spent all of yesterday at home.

かいわぶんの やく
Dịch hội thoại

Unit 1

かいわ・1 (Qua điện thoại)

Sakura	Bây giờ cậu đang ở đâu vậy?
Wan	Ở nhà ăn của trường. Tớ đang ăn cơm với bạn

かいわ・2 (Qua điện thoại)

Paul	Maria cậu đang ở trường à?
Maria	Không. Bây giờ tớ đang mua đồ ở siêu thị.

かいわ・3

Nguyễn	Ủa? Paul đâu rồi?
A	Ở đằng kia kìa. Cậu ấy đang nói chuyện điện thoại với ai đó.

かいわ・4

Sakura	Bây giờ cậu đang làm gì?
Ali	Tớ đang viết báo cáo

かいわ・5

A	Hãy vứt rác vào chỗ này.
B	Tôi hiểu rồi.

かいわ・6

Aoki	Hãy viết tên và địa chỉ vào đây.

かいわ・7

Tanaka	Nào mọi người hãy nhìn vào đây!

はなしましょう

Maika	Xin chào, em Maika đây ạ.
Aoki	À, vâng xin chào.
Maika	Bây giờ anh đang đi ra ngoài ạ?
Aoki	Ừ, anh đang dắt chó đi dạo.
Maika	À thế ạ. Em nói chuyện có được không?
Aoki	Được chứ. Có chuyện gì vậy?
Maika	Ừm… làm phiền anh cho em biết lại ngày đi ngắm hoa được không?
Aoki	À, đi ngắm hoa ấy hả. Thứ thứ bảy, ngày 15.
Maika	Em hiểu rồi ạ. Cám ơn anh.
Aoki	Không có gì.

Unit2

かいわ・1

Maria	Đi thẳng, sau đó hãy rẽ trái ở ngã tư đầu tiên
A	Rẽ trái ở ngã tư đầu tiên. Tôi hiểu rồi.

かいわ・2
A　Xin lỗi, hãy chỉ cho tôi cách phô tô co py
B　Đặt giấy ở đây sau đó hãy ấn nút này.

かいわ・3
Paul　Bây giờ cậu định làm gì?
Maria　Mình đi mua sắm một chút, sau đó làm bài tập.

かいわ・4
Ali　Mai cậu làm gì?
Kim　Mình sẽ đi xem phim với bạn.

かいわ・5
Sakura　Hôm nay cậu cũng bận hả?
Wan　Ừ, mình đến thư viện học một chút, sau đó đi làm thêm.

かいわ・6
Sakura　Ủa, Kim đâu nhỉ?
Wan　Cậu ấy quay lại quán lúc nãy lấy đồ để quên.

はなしましょう

❶
Ali　Thứ bảy chị làm gì?
Sakura　Tôi đến công viên Fuji với em gái, ăn cơm hộp ở đó, sau đó thì về nhà xem video.

❷
Paul　Xin lỗi, hãy chỉ cho tôi cách sử dụng cái này.
A　Đặt cốc vào đây rồi hãy chọn nóng hay lạnh. Sau đó, hãy ấn nút này. Nước nóng sẽ chảy ra và dừng lại.
Paul　Tôi hiểu rồi. Cũng không khó đến thế nhỉ.

Unit 3

かいわ・1
Tanaka　Paul có máy tính không?
Paul　Không, em không có .

かいわ・2
Nguyễn　Cậu đang đọc gì thế?
Paul　À, đây là truyện tranh nổi tiếng của Nhật đấy.
Nguyễn　Ồ. À, truyện này mình cũng biết

かいわ・3
Sakura　Wan bây giờ sống ở đâu?
Wan　Mình sống gần công viên Aoyama.

かいわ・4
A　Anh Ishikawa đã kết hôn chứ?
B　Anh Ishikawa ấy hả. Rồi. Anh ấy có hai con đấy.
A　Ồ, vậy sao!

かいわ・5
Kim　Anh đang xem gì vậy?
Aoki　Trận đấu bóng đá. Nhật Bản gặp Brazil.

Kim　Bên nào đang thắng ạ?
Aoki　Là đội Brazil.

はなしましょう

❶
A　Xin lỗi, hãy chỉ cho tôi cách đi đến ga tàu điện.
B　Từ ga có xe buýt đi đến trường. Anh hãy lên xe đó. Xe buýt số 2 và số 3 sẽ đi đến trường. Sau đó hay xuống ở trước cổng trường.
A　Thế hả. Tôi hiểu rồi.

❷
Kim　Cậu đang ở đây thế?
Ali　Mình đang ở quán café của trường. Đang viết báo cáo. Sau đó mọi người sẽ đi ăn tối. Cậu có đi cũng không?
Kim　Được đấy nhỉ!

Unit 4

かいわ・1
A　Thứ bảy rồi sao cậu lại nghỉ làm thêm?
B　Vì mình bị sốt.

かいわ・2
Ali　Tại sao lại có nhiều người thế?
Sakura　Vì hôm nay có lễ hội.
Ali　Ra là vậy.

かいわ・3
Aoki　Tại sao em lại không đi đến bữa tiệc.
Kim　Vì hôm nay em rất mệt.

かいわ・4
Ali　Bây giờ cậu có đi hát karaoke không?
Maika　Hôm này thì không… Vì mình có hẹn với bạn rồi.

かいわ・5
Maria　Mình không thích cửa hàng này lắm.
Paul　Ủa, vì sao thế?
Maria　Vì nhân viên không thân thiện.

かいわ・6
Paul　Vì không có thời gian nên mình đi bằng taxi thôi.
Maria　Ừ, phải đấy.

はなしましょう

❶
Ali　Có việc làm thêm nào chỉ làm một ngày không?
A　Có đấy! … Xem tài liệu này đi.
Ali　Có nhiều quá nhỉ!

❷
Paul　Sáng này tàu bị dừng nên em rất gay go.
Tanaka　Thế à. Em có phải đợi lâu không?
Paul　Không ạ, khoảng 5 phút. Vì trời cũng đẹp nên em đi bộ.

Tanaka	Đi bộ đến trường ư?
Paul	Vâng. Nhưng mất khoảng một tiếng ạ.
Tanaka	Em vất vả quá!

Unit 5

かいわ・1

Paul	Cậu muốn ăn gì?
Nguyễn	Ừm… Lạnh nên mình muốn ăn đồ ấm ấm.
Paul	Thế thì mì udon có được không?
Nguyễn	Được đấy. Mình ăn món đó.

かいわ・2

| Tanaka | Tuần sau cậu về nước à? |
| A | Ừ, đúng vậy. Nhưng mình vẫn chưa muốn về. |

かいわ・3

| Paul | Nóng nhỉ. Mình bật máy điều hóa nhé. |
| Maria | Ừ được. |

かいわ・4

| Paul | Mình muốn đi du lịch vòng quanh thế giới. |
| Maria | Tớ cũng thế. |

はなしましょう

❶

Paul	Từ khi sang Nhật cậu đã về nước lần nào chưa Nguyễn?
Nguyễn	Chưa, mình vẫn chưa về lần nào cả.
Paul	Khi nào cậu sẽ về?
Nguyễn	Tháng 1 sang năm mình sẽ về.
Paul	Thế hả. Chắc cậu muốn sớm gặp gia đình lắm nhỉ.
Nguyễn	Ừ

❷

Paul	Để em cầm đồ cho ạ.
Tanaka	A, không sao đâu.
Paul	Nặng mà. Để em cầm, em cầm ạ.
Tanaka	Cám ơn em.

Unit 6

かいわ・1

| Tanaka | Tiếng Nhật thế nào? Có khó không? |
| Paul | Có. Chữ Hán khó nên vất vả lắm |

かいわ・2

| Tanaka | Em đã nhớ công việc làm thêm của mình chưa? |
| Paul | Rồi ạ. Công việc đơn giản nên tôi nhớ ngay. Nhưng hơi vất vả. |

かいわ・3

| Paul | Cậu chọn cửa hàng nào? |
| Maria | A, ở đây gần ga nên tiện đấy. |

かいわ・4

| Paul | Vì sao cậu không thích đi? |
| Maria | Vì nhiều người nên mệt lắm. |

かいわ・5

| Maika | Carlos là người nào ạ? |
| Aoki | Người cao, tóc đen kia. |

かいわ・6

| Wan | Nara là thành phố như thế nào? |
| Sakura | Là thành phố yên tĩnh và đẹp. |

かいわ・7

| A | Người kia là ai thế. |
| B | Đó là Ari. Cậu ấy là người Indonesia, là du học sinh trường đại học Shibuya. |

はなしましょう

Tanaka	Tiếng Nhật của em giỏi lên rồi nhỉ.
Paul	Không ạ, em vẫn còn kém lắm.
Tanaka	Giờ học thế nào?
Paul	Sang lớp mới hơi khó hơn một chút. Nhưng rất thú vị ạ.
Tanaka	Thế à. Thế thì tốt quá.

Unit 7

かいわ・1

| Paul | Xin lỗi, em quên bài tập về nhà rồi ạ. |
| Tanaka | Bài tập về nhà quan trọng hơn việc làm thêm. Lần sau em đừng quên nữa nhé. |

かいわ・2

Sakura	Ari có thích thành phố này không?
Ari	Có, mình rất thích. Mình thích hơn Tokyo.
Sakura	Tại sao thế?
Ari	Vì thành phố này ở gần biển và núi rất đẹp.

かいわ・3

| Ari | Ta hãy cùng đi ăn tối đi. Cậu thích Sushi hay Tempura hơn? |
| Kim | Tớ thích Tempura. Nhưng ăn cái gì cũng được. |

かいわ・4

| A | London, Tokyo và Đài Bắc, nơi nào nóng nhất? |
| B | Đài Bắc. Đài Bắc nóng lắm. |

かいわ・5

| Maria | Cà phê và trà cậu thích món nào hơn? |
| Paul | Tớ thích cà phê hơn. Sáng nào tớ cũng uống cà phê. |

かいわ・6

| A | Khi gọi nhân viên cửa hàng thì nói " すみません " ("xin lỗi") |

はなしましょう

Paul	Sáng nay, khi lên tàu em ngồi xuống ghế. Vì em hơi buồn ngủ. Khi em tỉnh dậy, có một bà lão đứng trước mặt em. Em không biết nói thế nào nên đã nói "Xin lỗi". Bà lão đã tỏ ra hơi ngạc nhiên.
Tanaka	Em cứ nói đơn giản thôi là được. Em chỉ cần nói "xin mời" thôi cũng được.
Paul	Em hiểu rồi ạ.

Unit 8

かいわ・1

Sakura	Nghỉ đông cậu có đi đâu không?
Ari	Không, tớ đã không đi đâu cả. Vì tớ phải đi làm thêm.

かいわ・2

Wan	Vì vẫn còn sớm nên chưa có nơi nào mở cửa cả.
Sakura	Thế à.

かいわ・3

Maria	Vì tớ ăn trưa muộn nên chẳng đói tẹo nào.
Paul	Ơ, thế cậu không ăn gì à?
Maria	Ừ. Tớ chẳng cần ăn gì đâu.

かいわ・4

Paul	Em đã gọi điện nhưng chẳng ai nhấc máy cả.
Tanaka	Thế thì ngày mai hãy gọi điện một lần nữa.

かいわ・5

Paul	Cậu có biết gì về cái này không?
Nguyễn	Không, mình không biết gì cả.

はなしましょう

❶

Sakura	Đấy là máy tính của Wan à?
Wan	Ừ
Sakura	Khá cũ rồi nhỉ.
Wan	Ừ. Tờ đã dùng khoảng 10 năm rồi. Nhưng chẳng có chỗ nào xuống cấp cả đâu.
Sakura	Thế à.

❷

Paul	Tớ đói rồi. Có gì ăn không? Cái gì cũng được.
Maria	Chẳng có gì cả.
Paul	Ở đây chẳng có gì cả nhỉ.
Maria	Ừ. Cố gắng một chút nữa nhé.

Unit 9

かいわ・1

Sắp đến "Ngày của mẹ" rồi nhỉ. Cậu có tặng gì cho mẹ không?

Sakura	Có. Hàng năm tớ tặng mẹ hoa và thiệp.

かいわ・2

Nguyễn	Cái áo phông đó đẹp nhỉ.
Paul	À, cái này à? Tớ được bạn tặng. Đây là món quà từ Hawaii.

かいわ・3

Sakura	Chủ nhật tất cả đều đến chứ?
Ari	Ừm…Tớ chưa nhận được câu trả lời của Wan.
Sakura	Thế à.

かいわ・4

Ari	Ngày nghỉ cậu làm gì?
Sakura	Tớ đọc sách hay là vẽ tranh.

かいわ・5

Tanaka	Em muốn là gì ở Nhật?
Paul	Em muốn leo núi Phú Sĩ hay đi du lịch.

はなしましょう

❶

Wan	Lúc nào cũng được cậu cho món ăn ngon ngại quá.
Sakura	Không có gì đâu.
Wan	Lần tới tớ sẽ làm món gì đó nhé.
Sakura	Ừ ừ.

❷

Aoki	Em muốn làm gì ở Kyoto.
Maika	Em muốn đi thăm chùa và ăn uống. Ngoài ra, em muốn mặc Kimono.
Aoki	Hay đấy nhỉ. Xong rồi em hãy gửi ảnh cho anh xem nhé.
Maika	Vâng ạ.

Unit 10

かいわ・1

Paul	Tôi có thể xin một tờ bản đồ này được không?
A	Được, xin mời.

かいわ・2

Paul	Em xem cuốn sách này một chút được không ạ?
Tanaka	Được chứ.

かいわ・3

A	Xin lỗi, tôi về có được không?
B	A, được chứ.

かいわ・4

A	Nếu về muộn em hãy nói nhé.
B	Em hiểu rồi ạ.

かいわ・5

Aoki	Khi bước vào trong nhà phải cởi giầy.

かいわ・6

Maika	Trẻ em cũng phải trả tiền ạ?
Aoki	Không, trẻ em không cần phải trả tiền.

かいわ・7

Aoki	Không được đỗ xe đạp ở đây.

はなしましょう

❶

Wan	Ở gần khách sạn có cửa hàng tiện ích hay cái gì đó tương tự hay không?
Sakura	Có đây. Để mình viết vào bản đồ cho.
Wan	Thế à. Thế thì không lo nhỉ.

❷

Ari	Mình ăn được chưa?
Sakura	Hãy chờ thêm chút nữa. Vì mọi người sẽ cùng cụng ly.
Ari	Ừ nhỉ. Thế thì, xin nhờ cậu, Sakura.
Sakura	Ừ. Vậy thì các bạn ơi, mọi người hãy nâng ly lên đi.

Unit 11

かいわ・1

Sakura	Cậu có biết bài hát này không?
Wan	Có, tớ đã từng nghe rồi.

かいわ・2

Maika	Cậu đã đi Hokkaido bao giờ chưa?
Ari	Chưa, chưa bao giờ. Maika đã đi bao giờ chưa?
Maika	Có, một lần duy nhất. Tớ đã đi trượt tuyết.
Ari	Thích nhỉ. Tớ chưa bao giờ chơi trượt tuyết.

かいわ・3

Ari	Lần tới tớ sẽ đi Shikansen lần đầu tiên.
Sakura	Từ trong tầu Shikansen có thể nhìn thấy núi Phú Sĩ đấy. Cậu nhất định phải nhìn nhé.
Ari	Thế à. Tớ hiểu rồi.

かいわ・4

Ari	Đó là cái gì vậy?
Kim	Đây là bưu thiếp tranh tớ được bạn tặng.

かいわ・5

Ari	Chiếc vòng cổ đó đẹp nhỉ. Món quà của ai đó tặng à?
Kim	Không. Tớ mua bằng tiền làm thêm tiết kiệm được đấy.

かいわ・6

Sakura	Cậu ta là học sinh đến từ Indonesia.
A	Thế à. Cậu ta tiếng Nhật giỏi quá.

はなしましょう

Wan	Cậu đã nhìn thấy UFO bao giờ chưa?
Sakura	Chưa. Mình chưa nhìn thấy bao giờ. Cậu đã nhìn thấy bao giờ chưa Wan?
Wan	Rồi, một lần duy nhất.
Sakura	Thật á?
Wan	Ừ.
Sakura	UFO thế nào cơ?
Wan	Đó là một luồng sáng màu da cam, ban đầu mình tưởng là máy bay. Nhưng nó nhanh hơn máy bay. Với lại ban đầu nó chỉ có 1 luồng sáng, sau đó thành 2, rồi thành 4. Sau đó nó biến mất.
Sakura	Thế á, kì lạ nhỉ.

ミニレッスン

❶

Kim	Sao cậu lại đến muộn?
Ari	Vì tàu điện dừng lại.

❷

Kim	Tại sao cậu lại chọn khách sạn ấy?
Ari	Vì nó gần ga rất tiện.

❸

Wan	Vì trời nóng nên hôm qua mình ở nhà suốt.

こたえの　れい
Practice answers (Example)
Đáp án phần luyện tập (Ví dụ)

Unit 1

1

のみます	れい）のんで	来ます	きて
行きます	いって	おしえます	おしえて
話します	はなして	見ます	みて
あるきます	あるいて	およぎます	およいで
食べます	たべて	あそびます	あそんで

2

1）
① いってください　　② はなしてください
③ あるいてください　④ たべてください
⑤ きてください　　　⑥ おしえてください
⑦ みてください　　　⑧ およいでください
⑨ あそんでください

2）
① ともだちと　はなしています
② えきまで　あるいています
③ ゆうはんを　たべています
④ スマホを　みています
⑤ プールで　およいでいます

3

① ねています
② りょうりを　しています
③ コーヒーを　のんでいます
④ テレビを　みています

4

① たべてください　　② すわってください
③ とってください　　④ かしてください

5

行きます	れい）いかない	話します	はなさない
はいります	はいらない	読みます	よまない
します	しない	おくれます	おくれない
いれます	いれない	帰ります	かえらない
来ます	こない	います	いない

6

① すわないで　　　　② はなさないで
③ のまないで　　　　④ わすれないで

Unit 2

1

① よみかた　② つかいかた　③ つくりかた

2

① あさ　おきて、せんたくを　しました。
② しょくじを　つくって、たべました。
③ かいものを　して、うちに　かえりました。
④ おべんとうを　かって、かえりました。

3

① しごとを　してから、しょくじします。
② うちに　かえってから、べんきょうします。
③ ぎんこうに　いってから、かいものします。
④ おかねを　いれてから、ボタンを　おします。

4

① こうえんへ　はなみをしに　いきます。
② ほんやへ　ほんをかいに　いきます。
③ としょかんへ　ほんを　かりに　いきます。
④ プールへ　およぎに　いきます。

5

① あそびに　　　　　② パンをかいに
③ えをかきに　　　　④ コーヒーをのみに

6

① じゅぎょうの　まえに、きょうかしょを　よみます。
② しょくじの　まえに、てを　あらいます。
③ じゅぎょうの　あとで、カラオケに　いきます。
④ アルバイトの　あとで、ラーメンを　たべます。

Unit 3

1

① ははは　くるまを　もって　います。
② リーさんは　たなかさんを　しって　います。
③ おとうとは　とうきょうに　すんで　います。

2

① けっこんして　います　② すんで　いません
③ しりません　　　　　　④ しって　います

③
① アリさんは　コンビニで　アルバイトを　してい
　　ます。
② ちちは　にわで　やさいを　　つくっています。
③ わたしは　ちゅうごくの　パソコンを　つかって
　　います。
④ この　スーパーは　ピザを　うって　います。

④
① すんで　　　　　　　② しって
③ べんきょうして　　　④ おしえて

⑤
① ゲームを　して　います
② くにの　りょうりを　つくって　います
③ くるまで　かよって　います

⑥
① グラスが　われて　います。
② こどもたちが　はしって　います。
③ ネクタイが　まがって　います。
④ かぎが　かかって　います。

Unit 4

①
① サッカーが　すきですから
② いそがしいですから
③ おかねが　ありませんから
④ あめが　ふって　いますから

②
① どうして　えいごを　べんきょうしますか。
　　——しごとで　つかいますから。
② どうして　たなかさんが　すきですか。
　　——やさしいですから。
③ どうして　うたを　うたいませんか。
　　——へたですから。
④ どうして　うちへ　かえりますか。
　　——こどもが　びょうきですから。

③
① ニュースを　みて、しりました。
② この　ほんを　よんで、よく　わかりました。
③ ねつが　でて、しごとを　やすみました。
④ あしを　けがして、たいへんでした。

④
① スマホを　みながら、しょくじします。
② コーヒーを　のみながら、はなします。
③ ギターを　ひきながら、うたいます。
④ はなしを　ききながら、メモします。

⑤
① けがして　　　　　　② みて
③ けっこんして　　　　④ きいて

⑥
① ２つで　　② ５ふんで　　③ ぜんぶで

Unit 5

①
① A：まどを　あけましょうか。
　　B：はい、おねがいします。
② A：えきまで　おくりましょうか。
　　B：いいえ、だいじょうぶです。ありがとうござ
　　　　います。
③ A：あしたの　アルバイトを　かわりましょうか。
　　B：いいえ、だいじょうぶです。ありがとうござ
　　　　います。
④ A：テーブルを　ふきましょうか。
　　B：はい、おねがいします。

②
① ビールを　のみたいです。
② ひこうきに　のりたくないです。
③ ふくを　かいたいです。
④ びょういんに　いきたくないです。

③
① いつ　よみたいですか。
　　——ひるやすみに　よみたいです。
② だれに　あいたいですか。
　　——さくらさんに　あいたいです。
③ どこに　いきたいですか。
　　——きょうとに　いきたいです。
④ なにを　たべたいですか。
　　——なにも　たべたくないです。

④
① のみかいの　みせは　どこに　しますか。
　　——「いざかやさくら」に　します。
② ケーキは　どれに　しますか。

12

――チョコレートケーキに　します。
③　えいがは　いつに　しますか。
　　――こんしゅうの　にちようびに　します。

5
①　コーヒー　　②　いつ　　③　L

6
①　せかい　　　　　　　②　にほん
③　がっこう　　　　　　④　いえ

Unit 6

1

書きます	れい）かく	来ます	くる
着ます	きる	食べます	たべる
かいます	かう	よみます	よむ
見ます	みる	けっこんします	けっこんする
あそびます	あそぶ	ねます	ねる

2
①　あの　店の　ケーキは、おいしくて、すきです。
②　しんぶんは、かんじが　おおくて、むずかしいです。
③　きのうの　アルバイトは、たいへんで　つかれました。
④　この　スマホの　つかいかたは、かんたんで　いいです。
⑤　きょねんの　じしんで、ふるい　たてものが　こわれました。
⑥　きれいな　へやで、うれしいです。

3
①　おんなの　ひとで　　②　ひろくて
③　にぎやかで　　　　　④　はたちで

4
①　しごとが　いそがしく　なりました。
②　チームが　つよく　なりました。
③　シャツが　きれいに　なりました。
④　やまもとさんが　しゃちょうに　なりました。

5
①　りょうりを　する　　②　べんきょうする
③　あめの　　　　　　　④　よむ

Unit 7

1
①　たなかさんは　やまださんより　ギターが　じょうずです。
②　ベトナムは　日本より　あついです。
③　しろい　くつは　くろい　くつより　やすいです。
④　わたしの　かばんは、友だちの　かばんより　ちいさいです。

2
①　ケーキと　アイスと　どちらが　いいですか。
　　――アイスの　ほうが　いいです。
②　サッカーと　バスケットボールと　どちらが　すきですか。
　　――サッカーの　ほうが　すきです。
③　パソコンと　スマホと　どちらが　ほしいですか。
　　――スマホの　ほうが　ほしいです。
④　アルバイトと　べんきょうと　どちらが　たいへんですか。
　　――べんきょうの　ほうが　たいへんです。

3
①　どうぶつで　なにが　いちばん　すきですか。
　　――パンダが　すきです。
②　にほんりょうりで　なにが　いちばん　おいしいですか。
　　――すしが　おいしいです。
③　ベトナムで　どこが　いちばん　いいですか。
　　――ハノイが　いいです。
④　1しゅうかんで　いつが　いちばん　すきですか。
　　――日ようびがすきです。

4
①　やすいの　　②　あかいの　　③　きれいなの

Unit 8

1

飲みます	れい）のまない	あそびます	あそばない
食べます	たべない	来ます	こない
見ます	みない	かいます	かわない
そうじします	そうじしない	けっこんします	けっこんしない
のります	のらない	着ます	きない

2
① なにも　　　　② どこにも　　③ いつでも
④ だれも　　　　⑤ どこでも

3
① テーブルの　上を　きれいに　します
② かみを　みじかく　します
③ エアコンを　よわく　します
④ にもつを　かるく　します

4
① やすく　　　　② からく　　　③ すずしく
④ しずかに　　　⑤ つよく

Unit 9

1

行きます	れい）いった	買います	かった
はなします	はなした	食べます	たべた
見ます	みた	出かけます	でかけた
つくります	つくった	かきます	かいた
来ます	きた	りょこうします	りょこうした

2
① いもうとに　ふくを　あげました。
② おばあさんに　しゃしんを　もらいました。
③ みんなに　おみやげを　あげました。
④ ともだちに　でんわを　もらいました。

3
① ともだちに　ギターを　ならいます。
② じしょを　かります。
③ かさを　かします。

4
① よんだ、りょこうした　　② みた、のんだ
③ した、した　　　　　　　④ うたった、いった

Unit 10

1
① この　ジュースを　のんでも　いいですか。
② ペンで　かいても　いいですか。
③ タクシーで　いっても　いいですか。
④ しゃしんを　とっても　いいですか。

2
① おき　② かわ　③ こ　　　④ よま

3
① かか　　　　　② かたづけ
③ いそが　　　　④ のま

4
① すっては　　　② あそんでは
③ のんでは　　　④ たべては

5
① まで　② までに　③ までに　④ まで

6
① かえった　　　② おわった
③ おした　　　　④ した

7
① いく　② する　③ あう　④ みる

Unit 11

1 → p.15

2
① ほっかいどうへ　いった　ことが　あります
② この　みせに　きた　ことが　あります
③ かんこくりょうりを　つくった　ことが　あります
④ たなかさんの　かぞくに　あった　ことが　あり
ます

3
① はなす　② うたう　③ する　　④ つくる

4
① よやくする　　　② すう
③ つかう　　　　　④ のむ

5
1)
① うたっている　ひとです
② しゃしんを　とっている　ひとです
③ きものを　きている　ひとです
④ めがねを　かけている　ひとです
2)
① うたっている　ひとは　だれですか。
　　——スミスさんです。
② しゃしんを　とっている　ひとは　だれですか。
　　——さとうさんです。

③ きものを　きている　ひとは　だれですか。
　　——はやしさんです。
④ めがねを　かけている　ひとは　だれですか。
　　——まつもとさんです。

6
① こない　② なる　③ ふる　④ しらない

7
① いきたい　　　　② たかい
③ うそだ　　　　　④ いかなくても　いい

Unit 11

1

飲みます の	れい) のむ	きれいです	きれいだ
書きました か	かいた	べんりでした	べんりだった
おわりません	おわらない	にぎやかじゃありません	にぎやかじゃない
かいませんでした	かわなかった	ひまじゃありませんでした	ひまじゃなかった
ありません	ない	はれです	はれだ
ありませんでした	なかった	くもりでした	くもりだった
たかいです	たかい	あめじゃありません	あめじゃない
おおきかったです	おおきかった	ゆきじゃありませんでした	ゆきじゃなかった
よくないです	よくない	たべてもいいです	たべてもいい
ひろくなかったです	ひろくなかった	はいってはいけません	はいってはいけない

Unit 1

1. Hello. My name is Maria.
2. I am a student at a Japanese language school.
3. I have come here from Australia.
4. It's nice to meet you. ——Likewise, it's nice to meet you.
5. Are you a student, Wang-san?
   —— Yes, that is correct. / No, I am not a student.
6. Is that so.
7. Excuse me, may I ask your name?
8. I am also a university student.

Unit 2

1. Welcome.
2. Excuse me, I would like to place an order.
3. Um, what is this?
4. I would like this, please.
5. With pleasure.
6. A salad as well, please.
7. Which drawing is yours, Aoki-san?
8. What is this?
9. Who is this?
10. Is that your bag, Maria-san?
11. No, that is not mine.
12. It is Gwen-san's.
13. Which is Maria-san's?

Unit 3

1. Where is the shoes sales floor?
2. There is also one over there.
3. How much does this cost?
4. This is 5,800 yen.
5. What about that blue necktie?
6. What do you think?
7. Hmm, it's a little heavy.
8. Do you have it in any other colors?
9. Where is the ketchup?
10. How old are you, Wang-san?
11. How old are you, Kim-san?
12. What country are you from, Micah-san?

Unit 4

1. What time do you get up in the morning?
2. I get up at 6:30.
3. What time is the next bus?
4. (It's) 10:08.
5. When is your birthday?
6. The third of next month.
7. What time is it right now?
8. I'm going to go to the airport right now.
9. When will your friend arrive at the airport?

Unit 5

1. I will go to Asakusa on Saturday.
2. How will you be getting to Asakusa?
3. By train.
4. About how long is it from here to Asakusa?
   ——About one hour.
5. Excuse me, which of these buses goes to Asakusa?
6. Is that a famous temple?
7. About how much does it cost?

Unit 6

1. What do you do on your days off?
2. I watch movies at home.
3. I will take a trip to Hokkaido.
4. Did you eat breakfast this morning?
5. No. I didn't eat this morning.
6. Would you like to go to the festival this Saturday?
   ——That sounds great. Let's go.
7. What do you normally eat for breakfast?
8. You ought to eat breakfast.

Unit 7

1. Do you write letters to your family?
   ——Not very often.
2. I do call my mother quite often.
3. Have you replied to Sensei already?
4. Yes. I sent a reply via e-mail last night.
5. Is it yours, Paul-san?
6. I haven't yet.
7. I can't figure it out at all.
8. Would you like to order one more thing?

Unit 8

1   How is it?
2   It's okay.
3   It doesn't taste very good.
4   It's not too inconvenient.
5   How was your trip?
6   It was very good.
7   That's good to hear.
8   It was busy, but it wasn't too bad.

Unit 9

1   What kinds of food do you like?
2   I like curry
3   You're very good at singing, Maria-san.
4   Oh, no. Not at all.
5   Do you understand French, Paul-san?
6   What do you want right now, Gwen-san?
7   I would like clothes.
8   What kind of clothes?
      ——Warm clothes.

Unit 10

1   There is a famous temple here.
2   There's a convenience store inside the hotel.
3   Is someone there?
4   There will be a festival nearby next week.
5   I don't have the money.
6   I have some plans today.
7   Do you have any questions?
      ——No, none in particular.
8   Is there homework?
9   When is the next class?
10   That's no good.

Unit 1

1　Xin chào, tôi là Maria.
2　Tôi là học sinh trường tiếng Nhật.
3　Tôi đến từ Australia.
4　Rất mong được giúp đỡ
　　——Tôi cũng rất vui được gặp anh
5　Anh Wang là học sinh à?
　　—— Vâng, đúng vậy. ／ Không, tôi không phải học sinh
6　À thế ạ
7　Xin lỗi tên chị là gì?
8　Tôi cũng là sinh viên.

Unit 2

1　Xin chào quý khách!
2　Cho tôi gọi món
3　Đây là cái gì vậy?
4　Cho tôi món này
5　Vâng thưa quý khách.
6　Và cả salad nữa.
7　Tranh của anh Aoki là cái nào ạ?
8　Đây là ảnh gì vậy ạ?
9　Người này là ai thế?
10　Kia là cặp của chị Maria có phải không?
11　Không, không phải của tôi.
12　Của bạn Nguyễn.
13　Của Maria là cái nào nhỉ?

Unit 3

1　Quầy bán giầy ở đâu?
2　Phía kia ạ.
3　Cái này bao nhiêu tiền?
4　Cái này 5800 yên ạ.
5　Cậu thấy cái cà vạt xanh kia thế nào?
6　Quý khách thấy thế nào ạ?
7　Ừm… Hơi nặng.
8　Có màu khác không ạ?
9　Sốt cà chua ở đâu ạ?
10　Anh Wang bao nhiêu tuổi?
11　Chị Kim bao nhiêu tuổi?
12　Chị Maika từ nước nào đến vậy?

Unit 4

1　Buổi sáng dậy vào lúc mấy giờ?
2　Tôi dậy lúc 6 rưỡi
3　Xe buýt tiếp theo lúc mấy phút vậy?
4　10 giờ 8 phút.
5　Sinh nhật chị lúc nào nhỉ?
6　Mùng 3 tháng sau.
7　Bây giờ mấy giờ rồi?
8　Xin lỗi tôi phải đi ra sân bay ngay.
9　Mấy giờ bạn anh đến sân bay?

Unit 5

1　Thứ bảy tôi đi Asakusa
2　Đến Asakusa đi bằng cách nào nhỉ?
3　Tôi đi bằng tàu.
4　Từ đây đến Asakusa mất bao lâu?
　　——Mất 1 tiếng.
5　Xin lỗi xe buýt đi Asakusa là cái nào ạ?
6　Kia có phải là ngôi chùa nổi tiếng không?
7　Tiền thì mất bao nhiêu? ——1500 yên.

Unit 6

1　Ngày nghỉ bạn làm gì?
2　Tôi ở nhà xem phim. Sau đó nấu ăn.
3　Tôi sẽ đi Hokkaido.
4　Hôm nay anh đã ăn sáng chưa?
5　Chưa, sáng nay tôi chưa ăn.
6　Thứ bảy tuần này cậu đi lễ hội không?
　　——Hay quá! Cùng đi nhé!
7　Bữa sáng chị ăn gì?
8　Nhưng anh nhớ ăn sáng đấy!

Unit 7

1　Viết thư cho gia đình.
　　—— Cũng không hay viết lắm.
2　Nhưng tôi hay gọi điện cho mẹ.
3　Cậu đã trả lời thầy giáo chưa?
4　Tối qua tớ đã trả lời bằng mail rồi.
5　Của Paul à?
6　Tớ vẫn chưa,
7　Không tài nào hiểu nổi.
8　Có mua thêm gì không?